JN084306

事 例 で 学 ぶ

ChatGPT 最強の 仕事術

リモートワーク研究所
池田朋弘

フォレスト出版

　「働き方改革」が叫ばれる中、長時間労働の是正、生産性向上、働きがいの追求などが同時に求められています。労働時間が限られる一方で、求められる仕事の内容はより高度かつ専門的になり、複雑性を増し、しかも環境の変化が非常に激しいのが今という時代です。

　皆さんも、次のようなさまざまな業務を同時にこなす必要があり、時間との戦いに日々苦労されているのではないでしょうか。

- 事業、新規ビジネス、顧客ニーズに関するリサーチ業務
- 新たな企画の立案やアイデア出し
- 数値計画の立案
- 業務分析、業務効率化のための仕組み作り
- 日々のビジネス文書の作成、チェック、添削
- 海外からの情報収集、外国語の翻訳やチェック

　このような中、新しい働き方を実現する手段として「AIの活用」があります。AIを使うことで、時間と労力を節約して業務の効率化を図り、同時に業務クオリティも向上させることで、働き方改革を実現することができます。

　そのAIの中でも、いま最も注目されているのが生成AIの「ChatGPT」です。ビル・ゲイツをして「私の人生の中で、GUI（グラフィカルユーザインターフェース）に次ぐ、2回目の革命」と言わしめ、ある研究では「ChatGPTは、8割の職種で業務の10%に影響を及ぼし、2割の職種では業務の50%に影響する」と言われるほど、人類の仕事を大きく変える可能性があるツールとして話題になっています。

　ChatGPTのリリースは2022年11月ですが、そこからわずか1年足らずで、ChatGPT（やそのほかの生成AI技術）の業務活用により、次のような成果が

共有されています。

- 文章作成の効率が 1.6 倍になり、かつクオリティも高くなった
- カスタマーサポートでの対応速度が 1.3 倍になり、かつ顧客の評価も上がった
- 業務プロセスの生産性が 3 倍になった
- これまで 5 日かかっていた仕事が半日で終わるようになった

　一方で、次のようなネガティブな声も耳にします。

- ChatGPT はすごそうだけれど、具体的に何ができるかよくわからない
- ChatGPT を使ってみたけれど、通りいっぺんの回答しか出なくて幻滅した
- ChatGPT は間違った情報を回答することがあるので信用できない

　こうした声があがる理由は「ChatGPT がどんな業務でどう活用できるか」がうまく伝わっていないからです。ChatGPT の適切な活用シーンと活用方法を知ることで、多くの方の仕事の生産性を高め、より生き生きと仕事ができるようサポートするのが本書の目的です。

　本書は、よくある「ChatGPT の使い方&マニュアル」ではなく、「ChatGPT の業務での活かし方」という実践的な視点で構成しました。また、現時点の ChatGPT は、非常に便利に使えるシーンがある一方で、まだまだ未熟だったり能力が至らない点も多々あります。

　そのため、適切な期待値で活用できるように、各章の冒頭で「今の業務の課題」→「ChatGPT でできること（課題解決）」→「現在の ChatGPT（AI）ではまだできないこと」という整理をしたうえで、具体的な使い方を提案するようにしています。

私は、起業家としてこれまでに8社の創業を経験しています。うち1社は、フルリモートワークで社員数50名ほどの規模となり、M&Aで東証プライム上場の株式会社メンバーズのグループ会社になりました。そのご縁もあり、2021年3月末まではメンバーズの執行役員としても携わってきました。

　このような起業経験から、これからのリモート時代（終身雇用が前提ではなく、自律分散型の新しい働き方が当たり前の時代）における仕事とコミュニケーションの仕方を発信すべく、2022年1月からYouTubeチャンネル「リモートワーク研究所」を開始しました。

　2023年1月にChatGPTを取り上げたところ、非常に多くの反響をいただき、リモート時代に不可欠なツール&社会トレンドとして生成AIの関連情報を中心に発信しています。チャンネル登録数は2023年1月時点で6000人程度でしたが、2023年6月には5.5万人を超えました。

リモートワーク研究所
https://www.youtube.com/@remote-work/featured

YouTube 経由で上場企業を含む全国の経営者の方たちから頻繁にお問い合わせをいただき「どのように ChatGPT を事業や業務で活かすべきか」というテーマでのディスカッションを行なってきました。また、単に議論するだけでなく、業務プロセス内での活用方法をご提案したり、それらを研修プログラムに落とし込んだり、エンジニアと組んでプロダクトを作るなど、実践的な取り組みを短期間のうちに数多く取り組んできました。

　こうした取り組みの知見や経験から、一般のビジネスパーソンに ChatGPT をご活用いただけるように情報を整理したのが本書です。進化が激しい領域であり、あくまでも「現時点でのベストプラクティス」ではありますが、本書で紹介している考え方や活用ノウハウを知ることで、皆さんの事業・業務遂行の一助になることを心から願っています。

編集部より

- 本書に掲載したプロンプト（ChatGPTへの質問＆依頼の文章）のファイル（Word形式）を無料ダウンロードできます。詳しくは本書の最終ページをご覧ください。

- 本書に掲載したChatGPTの回答は原稿執筆時点のものです。「質問や依頼の都度、新しい回答を作成する」という生成AIの性質上、同じ回答が得られないことをあらかじめご了承ください。

- 本書に登場する商品名、商標名は各メーカーに帰属します。

序章 〈基本編1〉
ChatGPTの基本

第1章 〈基本編2〉
正しい質問の仕方を知ろう

第2章 〈基本編3〉
文章作成

〈応用編1〉

第6章 営業＆マーケティング

〈応用編2〉
Excel&スプレッドシート

第7章

導入準備 ………………………………………………………… 205
Excel&スプレッドシートでのプロンプト作成（質問文作成のコツ）… 218
活用例1 情報収集の効率化 ……………………………………… 220
活用例2 1人1人に合わせた文章作成 ………………………… 224
活用例3 文章データの一括処理（分類、タグ付けなど） ……… 226
OpenAI APIへのクレジットカード登録&上限設定 ………… 229

〈応用編3〉
外国語（英語）

第8章

活用例1 自分で作った外国語文章の添削 ……………………… 234
活用例2 日本語→外国語への翻訳 ……………………………… 237
活用例3 外国語の情報収集の効率化（要約） ………………… 239
活用例4 チャットでの外国語練習 ……………………………… 241
活用例5 音声での外国語練習 …………………………………… 242

おわりに ………………………………………………………… 245

ブックデザイン　bookwall

本文DTP&図版制作　近藤真史

プロデュース&編集　貝瀬裕一（MXエンジニアリング）

基本編1

序章

ChatGPTの
基本

▶ ChatGPTとは

ChatGPT は、OpenAI（人工知能研究所）が開発したチャット型の AI ツール。OpenAI は、起業家で現 OpenAI CEO のサム・アルトマン、テスラ創業者のイーロン・マスクや LinkedIn 創業者のリード・ホフマンなど、世界的に名だたる企業・起業家が出資して誕生した団体です。

ChatGPT は 2022 年 11 月末に公開され、リリース後 2 カ月間で 1 億ユーザーを突破しました。TikTok や Instagram といった世界的なツール以上の史上最速ペースでの 1 億ユーザー超えです。

なぜこれほど注目を集めているのかというと、AI の回答精度が極めて高いからです。たとえば、大学入試の文章問題を ChatGPT に解かせたところ、正解が返ってきました。これは ChatGPT に問題を解いてもらえば大学に合格できてしまうということです。最新版の GPT-4 では、アメリカの司法試験において、上位 10% に入る点数を取れるレベルになっています。

▶ ChatGPTに質問&依頼をする

本書をお読みの皆さんは、すでに ChatGPT に登録済みで何かしらさわってみた、あるいは仕事で使ってみたという段階だと思いますが、念のため ChatGPT の使い方を簡単に見ていきましょう。

最初にチャットウィンドウに質問文や依頼文を入力します。この**質問文や依頼文のことを「プロンプト」といいます**。

ここでは「リモートワークの良い点と悪い点を知りたい」と入力します。

プロンプトを入力する

回答が表示される

ChatGPT の内部で、さまざまなデータをもとにし、自動的に回答をまとめてくれます。回答内容は毎回新たに生成されるので、同じ質問をしても回答は毎回異なります。

また、**回答の文章が途中で切れてしまった場合は「Continue ganeration」ボタンを押すか、「続き」と入力すると、回答の続きを表示してくれます。さらに、「他には」と入力することで、別の回答を引き出すことも可能です。**

さて、ChatGPT への質問＆依頼はチャット形式なので、返って来た回答に対して追加の質問をしたり、要望を出すことができます。

たとえば「箇条書きにして」と要望を出すと、次のようにポイントをまとめてくれます。

User 箇条書きにして。

 リモートワークの良い点：
・柔軟性とワークライフバランスの向上
・場所への制約がない
・集中力の向上

リモートワークの悪い点：
・孤独感やコミュニケーションの制約
・ワーク・ライフの境界の曖昧化
・テクノロジーへの依存

ちなみに、チャットウィンドウに文章を入力して Enter キー（Return キー）を押すと、文章が途中で送信されてしまいます。ですから、**プロンプト（質問＆依頼）の文章が長くなる場合は、Word など別のアプリであらかじめ作成した文章を貼り付けたほうがスムーズに操作できます。**

本書で紹介するプロンプトの大半は、事前に Word やテキストエディタ

で作成した文章をチャットウィンドウに貼り付けています。

 ## ChatGPTの設定

ChatGPT とは一問一答形式で会話をします。

　ChatGPT は、1つのチャットの中ではそれまでの会話の内容を記憶しているため、話がスムーズにつながります。別の会話に切り替えるときは、画面左上の「NewChat」をクリックすると、新しいチャットが立ち上がり、以前の会話の内容を引きずらず、新たな会話を開始できます。

　以前の会話の履歴は画面左側の「NewChat」の下にストックされます。会話の名前を変更したり、履歴を削除することもできます（次ページ参照）。

クリックすると
新しいチャット
を開始できる

過去の会話の
履歴がストック
される

画面左下「Settings」をクリックすると設定画面が表示されます。

クリックする

「General」タブでは、画面をダークモードに切り替えることができます。

また、「Data controls」タブの「Chat history & training」をオフにすることで、会話履歴を記録しないようにできます。情報流出が気になる方は、オフにしておくことをおすすめします。ただし、オフにすると画面左側に履歴が残らなくなってしまうので、ご注意ください。

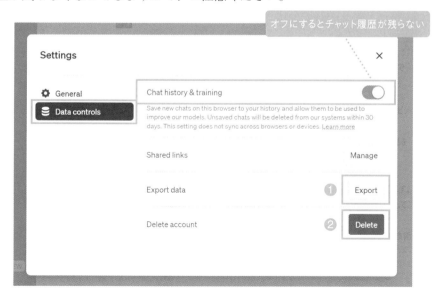

なお、セキュリティ対策のガイドラインについてはこの章の最後（24 ページ）で解説するので、詳しくはそちらをお読みください。

　「Data controls」タブの「Export data」の右にある「Export」ボタン（❶）をクリックすると会話の履歴をエクスポートできます。

　「Delete account」の右にある「Delete」ボタン（❷）をクリックするとアカウントを削除できます。アカウントを削除すると、同じメールアドレスや電話番号で登録できなくなってしまうのでご注意ください。

▶ ChatGPTのさまざまな活用シーン

　ChatGPT はどのような場面で活用すればよいのでしょうか？
　今多くの人が模索していますが、ここでは簡単なものをいくつか紹介します。

〈活用 1〉調べる

　たとえば「オンラインイベントにたくさんの人を集める方法」を調べるとします。検索エンジンを使う場合は「オンラインイベント」「集客」といったキーワードを入力し、検索結果を 1 つずつ見ていくことになります。それに対して、ChatGPT を使うと次ページのようになります。

User オンラインイベントにたくさんの人を集める方法は？

 オンラインイベントにたくさんの人を集めるためには、以下のような
方法を試してみることが効果的です。

1. ソーシャルメディアを活用する：イベントの詳細や参加方法をソー
   シャルメディア上で宣伝し、多くの人々に情報を広めることが重要
   です。イベントページを作成し、Twitter、Facebook、Instagram
   などのプラットフォームで共有しましょう。
2. メールニュースレターを送信する：メールニュースレターを通じて、
   メーリングリストに登録している人々に直接情報を送ることができ
   ます。イベントの魅力や参加メリットを伝え、登録や参加の呼び
   かけを行いましょう。

【以下省略】

　ChatGPT が保有しているデータから「オンラインイベントを開催して人
を集める」方法を抽出してポイントをまとめてくれます。

　ChatGPT を使うことで、自分でいろいろなサイトを閲覧して情報を探す
手間が省けます。情報の精度は粗いことも多々ありますが、大まかに調べる
レベルであれば、実用に耐え得ると言えます。

〈活用 2〉考える
　ChatGPT の回答に対して、追加で質問することもできます。たとえば、
先ほどのオンラインイベントの集客の次に「オンラインイベントのゲストス
ピーカーにはどんな人を呼ぶべきか」と質問します（結果は次ページ）。さ
らに、その回答に対して、気になった点を追加で質問できます。ChatGPT
とディスカッションをしながら考えを深められます。
　検索エンジンでは一方的に情報収集するだけですが、ChatGPT なら「調
べながら、質問を通じて理解を深める」ことができます。ChatGPT への質
問内容は自分の頭で考えざるを得ないので、自然と思考や理解が深まるわけ
です。

User オンラインイベントのゲストスピーカーにはどんな人を呼ぶべき？

Chat GPT オンラインイベントのゲストスピーカーには、以下のような人々を呼ぶことが効果的です。

1. 専門知識や経験を持つ業界のリーダー：ゲストスピーカーには、関連する業界やテーマにおいて専門知識や経験を持つリーダーを招くと良いでしょう。彼らは自身の経験や洞察を共有し、参加者に有益な情報やインスピレーションを提供することができます。

2. 成功した起業家や起業家精神を持つ人物：成功した起業家やビジネスリーダーは、参加者にとって魅力的なゲストスピーカーです。彼らは自身の起業体験や挑戦を通じて、参加者に起業家精神やリーダーシップについての示唆を与えることができます。

【以下省略】

〈活用 3〉文章を作る

　たとえば、「リモートワークのメリットについての記事を作りたい」と入力します。すると次ページのような回答が返って来ます。

　このように、ほぼ自動的に文章を作成してくれます。もちろん、100％完璧な文章かというとそんなことはありません。最終的には自分で要素を追加したり、修正したりする必要があります。

　とはいえ、完璧でないにしても、自分でゼロから「どんな文章を書こうかな」と考えるのと比べると、大まかな案を作ってもらえるので圧倒的にラクです。

User リモートワークのメリットについての記事を作りたい。

タイトル：リモートワークのメリット：自由と効率性を手に入れよう

イントロダクション：
近年、デジタルテクノロジーの進歩により、働き方に大きな変革が
起きています。その中でも注目を集めているのがリモートワークです。
リモートワークとは、オフィスに出勤する必要がなく、場所や時間に
制約されずに仕事ができる働き方のことを指します。この記事では、
リモートワークのメリットについて詳しく探っていきます。自由な働
き方と効率的な業務遂行を手に入れるために、リモートワークを活
用しましょう。

1. 時間と場所への制約の解消：
リモートワークの最大のメリットは、時間と場所への制約がないこと
です。通勤時間やオフィスでの移動時間を省くことで、時間を有効
活用できます。また、自分の選んだ場所で仕事ができるため、居心
地の良い環境で集中力を高めることができます。自宅やカフェ、さ
らには海外旅行先など、どこでも働くことが可能です。

【以下省略】

　また、先ほどのように「○○について、もっと具体的に書いて」と追加
で要望を伝えることで、さらに詳しい文章を作ってもらえます（次ページ参
照）。
　なお、文章作成については第2章で詳しく解説します。

User 「時間と場所への制約の解消」について、もっと具体的に書いて。

時間の制約の解消：
リモートワークでは、通勤時間を省くことができます。例えば、往復1時間の通勤時間がかかる場合、リモートワークに切り替えることで、その1時間を仕事に充てることができます。また、朝や夜のラッシュアワーのストレスから解放され、仕事に集中できる時間が増えます。時間の制約を解消することで、作業の効率が向上し、自己管理が容易になります。

場所の制約の解消：
リモートワークでは、オフィスに縛られることなく、自分の選んだ場所で仕事をすることができます。自宅やカフェ、図書館、共同オフィスなど、どこでも働くことが可能です。このような柔軟性のある働き方は、特に移動が困難な状況や地理的な制約がある場合には大きな利点となります。また、リモートワークは旅行との組み合わせも容易であり、仕事とプライベートの融合を促進します。たとえば、リゾート地や異国の文化を体験しながら仕事ができるため、ワークライフバランスの充実を図ることができます。

【以下省略】

〈活用4〉プログラミングやExcel関数を作る

　ChatGPTは、プログラミングのソースコードをかなり高い精度で作ってくれます。皆さんの中にはあまりプログラミングに詳しくない方もいらっしゃると思うので、今回はExcelの関数で解説します。

　Excel関数の作成を依頼してみます。

User Excel で、文章内に「リモート」と書いてあるかどうかを判断する関数を作って。

Chat GPT Excel で特定の文字列が文章に含まれているかどうかを判断するためには、"IF" 関数と "SEARCH" 関数を組み合わせて使用することができます。以下に例を示します。

判定したい文章が A1 セルに入力されているとします。

関数を作ってくれる

判断結果を表示するセル（例えば B1 セル）に以下の式を入力します。

```
=IF(ISNUMBER(SEARCH(" リモート ", A1)), " 含まれている ", " 含まれていない ")
```

この式は、A1 セルの文章に「リモート」という文字列が含まれている場合には「含まれている」と表示し、含まれていない場合には「含まれていない」と表示します。

注意点：
この関数は大文字小文字を区別します。例えば、判定したい文字列が「リモート」と書かれている場合、「リモート」と完全に一致する場合にのみ判定されます。大文字小文字を区別せずに判定したい場合は、"SEARCH" 関数の代わりに "FIND" 関数を使用してください。

上記の例では、文章に「リモート」という文字列が複数回含まれている場合でも、最初に見つかった位置で判断します。全ての出現箇所を判断するためには、より複雑な関数やマクロが必要になるかもしれません。

このようにして作成した関数を使うことで、Excel で文章内に特定の文字列が含まれているかどうかを判断することができます。

このように関数を作ってくれます。

無料版、有料版のどちらを使うか？

　画面左下の「Upgrade to Plus」をクリックすると有料プランへの切り替え画面が表示されます。

　有料版のメリットを以下に整理します。

1. 新機能の利用（GPT-4、ChatGPT Plugins、Web browsing など）
2. 速い
3. 安定

　有料版にアップグレードすることで最新バージョン GPT-4 を利用できます。無料版の ChatGPT のバージョン 3.5 よりも格段に高性能です。

動作速度が速く、複雑な条件を加えた質問&依頼にもしっかり対応して
くれます。さらに 2023 年 5 月から、ChatGPT に新たな機能を追加できる
「ChatGPT Plugins」や、最新のネット情報を収集できる「Web browsing」
も有料版で提供が始まりました。

▶ スマホでもChatGPT

　ChatGPT は、スマホでも PC と同様に使えます。

　iPhone で利用するには、アプリをダウンロードし、登録したメールアド
レスとパスワードでログインします。ログイン後は、パソコンと同様に、
チャットのテキストボックスに文章を入力して送信するだけです。Android
アプリは現時点ではリリースされていませんが、ブラウザで利用可能です。

ChatGPT利用時のガイドライン
（セキュリティ対策や著作権について）

　ChatGPT を利用するにあたってのセキュリティ対策と生成コンテンツの著作権について解説します。

　2023 年 5 月に、東京大学大学院工学系研究科教授の松尾豊氏が理事長を務める一般社団法人日本ディープラーニング協会（JDLA）が、企業などが ChatGPT をはじめとする生成 AI を利用するにあたって注意すべきガイドラインのテンプレート「生成 AI の利用ガイドライン」を公開しました。今回は、これをベースに解説します。

一般社団法人日本ディープラーニング協会 (JDLA)「生成AIの利用ガイドライン」
https://www.jdla.org/document/#ai-guideline

ガイドラインの主な内容は以下です。

1. 入力の注意事項
　・個人情報を入力しない
　・機密情報を入力しない
　・できるだけ他者の著作物は避ける

2. 生成物活用の注意事項
　・虚偽情報に注意する
　・著作物・商標侵害に注意する
　・著作権確保に注意する

「1. 入力の注意事項」から説明します。

　まず「個人情報を入力しない」についてですが、ChatGPTの規約では、入力内容に個人情報が含まれていた場合、記録しないことになっています。しかし、個人情報がAIの学習に使われてしまい、それが第三者への回答として漏れる可能性は否定できませんし、個人情報保護法の観点からも本人に同意を得ずにデータを入力するのは問題があります。

　次に「機密情報を入力しない」についてです。機密情報には、自社のものと他社（クライアントや取引先など）のものの2種類があります。どちらも外部に流出してはまずいですよね。先ほどの個人情報と同様、AIの学習に使われて流出してしまう恐れがあるので、入力するのはやめましょう。

　15ページで紹介しましたが、設定の詳細画面の「Data controls」タブで「Chat history & training」をオフにしておくことで、プロンプトの内容がChatGPTの学習に使われない（記録されない）ようになります。情報流出を防ぎたいのであれば、オフにしておきましょう。

　3つ目の「できるだけ他者の著作物は避ける」は、著作権侵害を予防するためのポイントです。たとえば、小説家の作品の一部をプロンプトに入力したとします。これ自体は法的に問題はありません。ただし、プロンプトとし

て入力することで、回答内容に似たような文章が含まれる可能性が高まります。回答の文章が元の文章にあまりに似通っていた場合、これが著作権侵害となってしまう可能性があるので、なるべく避けたほうが無難です。

続いて「2.生成物活用の注意事項」ですが、これはChatGPTの回答内容を活用する場合に注意すべきことです。

まず「虚偽情報に注意する」から説明します。これは先ほども述べましたがChatGPTの回答には誤りがしばしばあるので、鵜呑みにしないようにしましょう、ということです。

次に「著作物・商標侵害に注意する」について。
先ほどの「できるだけ他者の著作物は避ける」の説明でも述べましたが、生成されたアウトプットが他者の著作権や商標を侵害しないように注意する必要があります。

3つ目の「著作権確保に注意する」については、AIによる生成物に対して、自分自身が著作権を主張したい場合のポイントです。AIで作ったアウトプットに対して何も編集や修正を施していないと、著作権が認められない可能性があります。自分で何らかの編集・加工を施すことで、著作権が発生しやすくなります。そのため、もしそのコンテンツをビジネスで利用する場合などは、著作権の確保に注意しましょう。

以上のことは、一般社団法人日本ディープラーニング協会のガイドラインに書かれています。一度読んでおくとよいでしょう。

第1章

正しい質問の仕方を知ろう

▶ ChatGPTを使う前の「4つの心がまえ」

ChatGPT に質問＆依頼するにあたって次の4つのことを心得ておきましょう。

1. 質問文が大事（プロンプト・エンジニアリング）
2. 手軽な質問と本格的な質問を使い分ける
3. 無茶ぶりしても OK
4. 回答を鵜呑みにしない

それぞれ見ていきましょう。

1. 質問文が大事（プロンプト・エンジニアリング）

ChatGPT を活用するには、質問の仕方が非常に大切です。この質問の仕方を「プロンプト・エンジニアリング」といいます。これからはプロンプト・エンジニアリングのスキルの市場価値が高まるといわれています。すでにアメリカでは、プロンプト・エンジニアリングの仕事で年収5000万円の求人が出ているそうです。ChatGPT をはじめとする生成 AI の力をしっかりと引き出すためには「どのような質問をすれば正しい答えを得られるのか」「どのように依頼すれば独創的なアイデアを得られるのか」を知っている必要があります。

2. 手軽な質問と本格的な質問を使い分ける

ChatGPT を有効に活用するには、質問＆依頼の内容が大切ですが、常に質問内容を作り込む必要はありません。いちいち作り込んでいたら時間と手間がかかってしまいます。たとえ簡単な質問であっても、ChatGPT はそれなりの回答を返してくれます。これが ChatGPT のすごさであり良い点です。

ですから、**最初は「○○を教えて」程度の簡単な質問からはじめて、回答に対してさらに質問＆依頼を繰り返して、条件を絞り込んでいくことで、少しずつ詳しい回答を引き出すようにするといいでしょう**。試行錯誤を繰り返すことで、質問（プロンプト）と回答の質を上げていきましょう。

3. 無茶ぶりしても OK

ChatGPT は AI であり、ただの「ツール」です。チャットでやりとりしていると、ついつい人間に質問するときと同じように遠慮してしまう人もいますが、その必要はまったくありません。納得のいく回答が返って来なければ、何度聞き返してもいいし、無茶ぶりをしても OK です。

知り合いのエンジニアが「ChatGPT に質問するのは、人に質問するよりも安心」という話をしていました。上司や同僚に何度も質問したり、説明を求め続けるのには勇気がいりますが、AI ならば何度聞いても怒られることはありません。AI は「何でもできる魔法のツール」ではありませんが、「何度でも質問に答えてくれる忍耐強いツール」ではあるのです。

4. 回答を鵜呑みにしない

ChatGPT は、明らかな事実誤認を含む回答や、文脈がずれている回答など、適切でない回答が返って来ることがよくあります。しかも厄介なことに、間違えていても正解のごとく堂々と回答してきます。

そもそも ChatGPT は、質問＆依頼の内容を本当に理解しているわけではなく、「この文章であれば、おそらく次はこれだな」と確率論にのっとって自動的に回答しているだけなので、正確な回答が返って来るとは限らないのです。また、その都度回答を生成しているので、同じ質問をしても、合っていることもあれば間違えていることもあります。

そのため、「間違いだらけで使いものにならない」と言う人もいます。しかし、それは非常にもったいないことです。間違えていることもあるという前提で利用して、最終判断は自分で下せばいいだけの話です。人間が数日、数時間かかるような作業を数分、数秒でやってくれるわけですから、使わない手はありません。

　ChatGPTへの質問（プロンプト）のテクニックについて解説します。まずプロンプト・エンジニアリングの3つの要素と表現記法を見ていきましょう。

プロンプト・エンジニアリングの3要素+記法

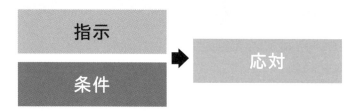

表現記法

　プロンプト・エンジニアリングにおいては「指示」と「条件」、そして返って来た回答に対する「応対」が重要です。**指示と条件をどうするかで最初の回答の精度は大きく変わります。また、回答にどのように返す（応対する）かで、引き出せる情報の質と量も変わってきます。**

　さて質問＆依頼をする際には文章を入力するわけですが、その表現記法を身につけておきましょう。ChatGPTに伝わりやすい記法を使うことで、よりスムーズに活用できます。

　次ページの例をご覧ください。

表現記法の例

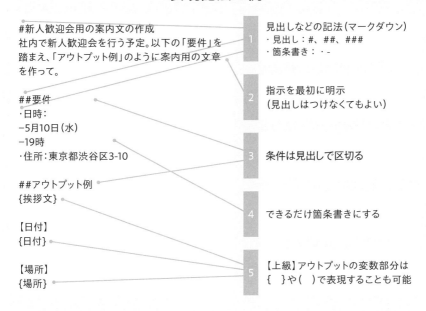

#新人歓迎会用の案内文の作成 社内で新人歓迎会を行う予定。以下の「要件」を 踏まえ、「アウトプット例」のように案内用の文章 を作って。	1 見出しなどの記法（マークダウン） ・見出し：#、##、### ・箇条書き：・-
	2 指示を最初に明示 （見出しはつけなくてもよい）
##要件 ・日時： −5月10日（水） −19時 ・住所：東京都渋谷区3-10	3 条件は見出しで区切る
##アウトプット例 {挨拶文}	4 できるだけ箇条書きにする
【日付】 {日付} 【場所】 {場所}	5 【上級】アウトプットの変数部分は { }や（ ）で表現することも可能

　まず覚えたいのが見出しや箇条書きの記法です。**見出しの頭に「#」「##」、箇条書きの項目の頭に「-」や「・」をつけることで、ChatGPT が文章の構造を把握しやすくなります。**このような書き方を「マークダウン記法」といい、Wiki などで活用されている表現記法です。この記法を使って文章を書くことで、AI である ChatGPT に意図を伝えやすくなります。

　上の例だと「# 新人歓迎会用の案内文」「## 要件」「## アウトプット例」で見出しをつけています。「#」（1つ）が大見出し、「##」（2つ）が中見出しです。また「-」や「・」の箇条書きで見出し内での構造を示しています。

　プロンプトでは、指示（ChatGPT にしてほしいこと）を明確に記入することが最も重要です。今回の例では、一番重要な「# 新人歓迎会用の案内文の作成」を一番冒頭に記載し、大見出しである「#」をつけています。

指示のあとに、詳細な条件や要望を記入します。「要件」「アウトプット例」などの要素ごとに中見出し（##）で区切っています。

各見出しの詳細は、箇条書きにすることで、内容が伝わりやすくしています。

また、やや高度な指示ですが、アウトプット例の中で「どこにどんな情報を書いてほしいのか」を指示する記号として ｜｜ や （） を使用しています。Word などで「名前」「住所」などを人によって変えたいときに「差し込みフィールド」を使いますが、それと似たようなものです。あまり使う機会が多くはありませんが、覚えておくと便利です。

▶ プロンプト・エンジニアリングの3要素の詳細

プロンプト・エンジニアリングの3要素「指示」「条件」「応対」について詳しく見ていきましょう。それぞれ主な使い方は次のようになります。

プロンプト・エンジニアリングの3要素の詳細

指示	条件	応対
1 情報収集・質問	1 役割	1 追加で引き出す
2 文章作成・添削	2 目的・背景	2 修正・訂正させる
3 企画・アイデア出し	3 要件	3 質問させる
4 数式・プログラム作成・添削	4 参考例・サンプル	
5 他言語の翻訳・添削	5 アウトプット例	

指示の5つのパターン

指示には大きく5つのパターンがあります（具体例は36ページの表をご覧ください）。

「1.情報収集・質問」は、「○○について教えて」など知りたい情報を聞くことです。Google検索のようなイメージです。

「2.文章作成・添削」は、文章（コンテンツ）を作ってもらったり、自分で書いた文章を添削してもらうことです。ChatGPTの文章生成能力はとても優れており、特に有料版で使えるGPT-4は、並のビジネスパーソンよりも高い国語力を持っています。

「3.企画・アイデア出し」はアイデアを出してもらい、発想をサポートしてもらうことです。ChatGPTは、質はともかく、大量のアイデアを出すことができるので、企画などを考える際にとても便利です。

「4.数式・プログラム作成・添削」は、Excelの数式や関数を作ってもらったり、プログラミングのときにコードを作ってもらったり、自分で作ったものを添削してもらうことです。作りたい数式やプログラムの要件を伝えるだけで、素案を作ってもらえるので、生産性が大きく向上します。数式やプログラムをほとんど作れなかった人でも、ある程度のものが作れてしまいます。

「5.他言語の翻訳・添削」は、たとえば英文サイトを部分的に翻訳してもらう、日本語で書いた文章を英訳してもらう、あるいは自分が書いた英文を添削してもらうといったことです。

条件の5つの使い方

指示だけだと内容が漠然としてしまい、自分が求める回答をなかなか得られません。たとえば、「ChatGPTの使い方を教えて」とか「リモートワークの新しいビジネスプランを考えて」といった指示だけの質問をしたとします。すると、ChatGPTは質問者がどんな状況で何を重点的に知りたいのかがわからないため、ごく一般的な回答しかできません。

指示に条件を追加することで、個別の事情に合わせた具体性の高い回答が返って来やすくなります。

　条件には次の5つの要素があります（37ページ表参照）。

　「1. 役割」は、ChatGPTにどのような役割で働いてもらうかということです。
　たとえば「プロの作家として文章を書いてください」と依頼したり、「あなたはプロの営業パーソンです。この商品のセールストークを考えてください」などと役割を与えることで、それに適した文章や回答を出してもらいやすくなります。

　「2. 目的・背景」は、指示にどのような目的や背景があるのかを説明することです。人間に対して何か依頼をする場合も、目的や背景を伝えるのは重要です。同様にChatGPTへの質問でもこれらを明確にすることで、適切なアウトプットを得られやすくなります。

　「3. 要件」は、回答に必ず入れてほしい要素、文字数の指定、あるいは「フレンドリーな文体で」といった表現方法など、アウトプットの要件を定義することです。必ずしもこれらの要件を守ってくれるとは限りませんが、定義しないよりも定義したほうが自分の求めるアウトプットの理想形に近づきます。

　「4. 参考例・サンプル」は、文章など何かを作成してもらうときに、「これと同じように」という参考例やサンプルを与えることです。すると、それを踏まえて回答を返してくれます。

　「5. アウトプット例」は、どういう回答を返してほしいのかを例示することです。
　たとえば、ChatGPTに「A、B、Cの3つに分類してほしい」と依頼するときに、ラベルだけ出力してほしいのか、それとも理由まで書いてほしいのかといったアウトプットの形式を指定しないと、ChatGPTが勝手に判断した回答が返って来てしまいます。あらかじめアウトプット例を指定しておけば、自分が望む形式で回答を返してくれます。

応対の3つの使い方

　最後に応対について解説します。

　「1. 追加で引き出す」は、ChatGPTから満足のいく回答を得られなかったり、さらに情報を引き出したいときに「他には」「もっと教えて」といったプロンプトを入力し、追加で質問&依頼することです。あるいは、「もっと詳しく」「具体的に」というプロンプトで、質問を深堀りすることもできます。

　「2. 修正・訂正させる」は、回答に対して「○○を踏まえて、もう1回作って」「△△の要素を追加して、もう1回作って」といったプロンプトを入力することで、回答をブラッシュアップしていくことです。

　「3. 質問させる」は、先にChatGPTから自分に質問をさせて、それに対する自分の回答をChatGPTに伝え、回答させるという高度な使い方です。
　詳しくは、38ページの表で具体例をご覧ください。

▶ 3要素の具体的なプロンプト例

　「指示」「条件」「応対」それぞれの具体的なプロンプト例を紹介します（36〜38ページの表）。

指示

指示のパターン	定番の指示プロンプト	具体例
情報収集・質問	・〇〇について教えて（〇〇って何？）	・クラウドコンピューティングについて教えて（クラウドコンピューティングって何？） ・仮想現実（VR）について教えて（仮想現実って何？）
	・〇〇の現状（課題）を教えて	・電気自動車（EV）の現状（課題）を教えて ・再生可能エネルギーの現状（課題）を教えて
	・〇〇について調べるために、どんな質問をするとよい？	・投資について調べるために、どんな質問をするとよい？ ・マーケティング戦略を知るために、どんな質問をするとよい？
	・〇〇のメリット・デメリットを教えて	・テレワークのメリット・デメリットを教えて ・ソーラーパネルのメリット・デメリットを教えて
	・〇〇したい（するにはどうすればいい？）	・プログラミングスキルを上げたい（プログラミングスキルを上げるにはどうすればいい？） ・将来のキャリアを計画したい（将来のキャリアを計画するにはどうすればいい？）
	・〇〇と△△の違いは？	・プログラミング言語とスクリプト言語の違いは？ ・マクロ経済学とミクロ経済学の違いは？
文章作成・添削	・〇〇の文章／記事を作って	・マインドフルネスに関する文章／記事を作って
	・〇〇の骨子を作って	・ウェブサイトのコンテンツの骨子を作って
	・〇〇の原稿を作って	・卒業スピーチの原稿を作って ・新製品の広告キャンペーンの原稿を作って
	・以下の文章を校正して	・以下の文章を校正して（文章を記載。最大2500〜3000文字程度）
	・以下の文章を要約して	
	・以下の文章の論理に間違いがあるか教えて	
企画・アイデア出し	・〇〇についてアイデアを考えて	・新しいマーケティングキャンペーンについてアイデアを考えて
	・〇〇についてのネーミング案を考えて	・フィットネスアプリのネーミング案を考えて
	・〇〇についての対策を考えて	・従業員のストレス管理に対する対策を考えて
	・〇〇について事業プラン（収益プラン）を考えて	・フードデリバリーサービスの事業プラン（収益プラン）を考えて
	・〇〇をするためのタスクリスト（スケジュール）を作って	・イベントを開催するためのタスクリスト（スケジュール）を作って ・引っ越しの準備をするためのタスクリスト（スケジュール）を作って
数式・プログラム作成・添削	・【〇〇言語やツール】で以下のような〇〇を作って	・Excel で以下のようなマクロを作って（マクロ要件を文章で記載）
	・【〇〇言語やツール】で以下がうまく動かない。バグを探して	・Excel マクロで以下が動かない。バグを探して（マクロのソースコードを記載。最大2500〜3000文字程度）
	・【〇〇言語やツール】で以下のような課題（エラー）がある。原因と対策を教えて	
他言語の翻訳・添削	・以下を【言語】にして	・以下を英語にして（日本語文章を記載。最大2500〜3000文字程度））
	・以下の【言語】の変な点・改善点を知りたい	
	・以下の【言語】をネイティブが使うような表現にして	

条件

条件	パターン	具体例
役割	職種	・あなたはプロの営業パーソンです ・あなたはプロのライターです
目的・背景	簡易	・商談を獲得するために ・新しいビジネスを検討するために
	詳細 (箇条書きでさまざまな要件を入れる)	# 目的 ・読者は、まだリモートワークをしていない会社 ・読者は、企業の経営者やマネージャー ・リモートワークを始めたいと思ってもらう ・リモートワーク研修サービスに興味を持ってもらう
要件	簡易	・200文字以内で ・10個作って ・理由とともに ・段階的に推論して
	具体的な構成	# 構成の例 ・最初に問い合わせのお礼を伝える ・アポイントを提案する ・商談では、他社事例や最新トレンドをお伝えできることを伝える
	詳細 (箇条書きでさまざまな要件を入れる)	# 要件の例 ・投稿にタイトルをつける ・1つの投稿あたり140文字程度 ・1つの投稿は、2段落の文章にする ・段落のあとに改行を2つ入れる ・文章とは別にハッシュタグを5個つける
参考例・サンプル	詳細 (サンプル文章を入れる)	# 参考例 (自分で作った文章など)
アウトプット例	表現形式	・箇条書きで ・表形式で
	表現テイスト	・ビジネス用に ・小学生にもわかるように ・ラッパーのように
	詳細 (箇条書きで具体的なフォーマットを定義する)	# アウトプットの例 タイトル：{タイトル} 内容：{3つのポイント} 締め：{締めの文章} ハッシュタグ：{5つのハッシュタグ}

応対

応対	パターン
追加で引き出す	・なぜ？（どこを直した？） ・他には？ ・具体例は？ ・もっと詳しく教えて ・もっといい方法はある？ ・その情報の参考資料や根拠は？ ・○○について、もっと詳しくして
修正・訂正させる	・もっと短くして ・言い回しを○○に変えて ・○○を追加して、もう一度全文をつくって
質問させる	・○○について質問をして

第2章

文章作成

ChatGPTを文章作成に活用する

ビジネスパーソンの日常業務に文章作成は欠かせません。

たとえば、社内外の人とのメール、ビジネスチャットでコミュニケーション、企画書、報告書、案内状といった各種文書を作成するなど、日々さまざまな文章を作成します。リモートワークが当たり前の時代になり、ますます文章によるコミュニケーションの重要性が高まりました。

文章を効率的に作成したり、文章の質を高めることはビジネススキルの向上に直結します。この章では、メールや提案書など、日々の文章作成にChatGPT を活用する方法を紹介します。

文章作成のよくある課題

ChatGPT の活用方法を考える前に、ビジネスシーンにおける文章作成の課題を考えてみます。
たとえば、次のようなケースはよくありますよね。

・そもそも何を書いたらいいのかわからない
・どんな構成にしたらいいのかわからない
・表現に自信がない
・うまい言葉が思いつかない

最初の「そもそも何を書いたらいいのかわからない」は、何を伝えるべきなのか、つまり文章の要件がよくわからない状態です。初めて経験する仕事で基礎知識がなく、右も左もわからない状況や、情報がありすぎて頭の中が整理されていないときなどに起こる課題です。

2つ目以降は、「言いたいことはある。要件もわかっているのだけれど、どう構成して組み立てればうまく伝わるのかわからない」「どんな言葉をつ

かって、どう表現すれば適切なのかわからない」というパターンです。このような状態で文章を作ると、自分としてはちゃんとまとめたつもりでも、相手からは「何が言いたいのかわからない」「わかりづらい」と思われてしまいます。

文章作成のプロセス

さて、先ほど挙げた課題がなぜ起こるのでしょうか。文章作成の一般的なプロセスを整理すると、次の図で表せます。

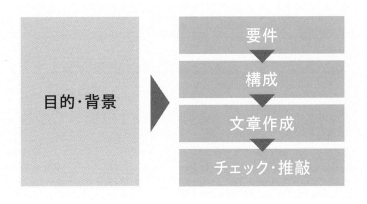

ビジネスにおける文章には何らかの目的があります。たとえば、メールであれば、「アポイントを取る」「スケジュールを決める」「おわびの気持ちを伝える」「相手と信頼関係を築きたい」などです。また、「誰から誰に向けたものか？」、つまり「お互いの立場はどのような状態か（たとえば、上司と部下など）」といった背景もあります。

要件は「どのような要素（日時、場所など）を入れるべきなのか？」、構成は「話をどんな順番で伝えるとわかりやすくなるのか？」ということ。

これらを踏まえたうえで、具体的な文章の作成作業があり、最後に内容が正しいか、抜け漏れや誤字脱字がないかをチェックしたり、言葉のつかい方

や表現が適切かを推敲します。

　このような文章作成プロセスの中でうまくいかないことがあると、先ほど挙げたような課題が顕在化します。

▶ 文章作成におけるChatGPT（生成AI）の価値

　ChatGPTをはじめとする生成系AIを文章作成に利用する価値（メリット）を先ほどの「文章作成のプロセス」に沿って見ていきましょう。

文章作成のプロセス	ChatGPTの価値
要件	**どんな要素が必要か**を考えてくれる
構成	**適切な構成**を提案してくれる
文章作成	**さまざまな文章案**を作ってくれる
チェック・推敲	**チェック・推敲**もしてくれる

○要件
　文章を作成する目的や状況に応じて、ChatGPTがどのような要素が必要かを考えてくれます。たとえば、「何が書かれているとよいのか」「どのような文章を作るべきか」などを考えてくれます。

○構成
　要件が決まったうえで、どのような構成にすると適切なのかを提案してくれます。

○文章作成
　細かい表現も含めた具体的な文章を作ってくれます。

○チェック・推敲
　自分が作った文章を入力すると、確認すべき点であったり、間違いがないかなどをチェックしてくれます。

> # ChatGPTができないこと

　ここまでお読みいただくと、「目的や状況が決まっていれば、あとはChatGPTがすべてやってくれる」と思われるかもしれません。

　実際に使ってみると、「すごい！」「ここまでやってくれるのか！」と思います。

　では、ChatGPTにすべてまかせられるかというと、残念ながらまったくそんなことはありません。確かに、どのような要素が必要か、適切な構成を提案してくれます。提案の精度は高く参考になるのですが、あくまでも一般論であって、個別の事情や嗜好性などすべてを加味してくれるわけではありません。

　たとえば、部長に社内メールを送るとき、ChatGPTは一般的にはこういう内容、構成がいいのではないかということを提案してくれます。ただし、その部長が「結論を最初に書いてほしい、そのほかのよけいな表現はいらない」というタイプかもしれません。あるいは、いきなり結論からではなく、背景からきちんと伝えてほしいというタイプかもしれません。こうした個別の事情はChatGPTにはわかりません。ですから、ChatGPTが提案してくれた文章をそのまま使うのではなく、自分で確認したり、手直ししたりする必要があります。

　ChatGPTが作成してくれる文章は、あくまでも第一次の草稿です。完璧なものではありません。内容の抜け漏れがあったり、内容に誤りがあったり、

表現が不適切な場合があったりするので、チェック・修正は必須です。文章の最終的な責任は自分自身にあります。

　また、自分が作成した文章を ChatGPT にチェックしてもらう場合にも注意が必要です。現時点では、ChatGPT の日本語力は、英語に比べて精度が低く、チェック漏れもよくあります。ですから、ChatGPT にまかせきりにせず、最終確認は自分ですべきです。

　ChatGPT の限界・制限（できないこと）は次の通りです。

・あくまでも一般論。個別事情や嗜好性まですべてを加味してくれるわけではない
・あくまでも一次草稿。内容の抜け漏れもあり、自分でチェック・修正するのは必須
・日本語力はそこそこでチェック漏れもある（英語のほうが精度が高い）

　さて、次から具体的な文章の作成例について解説しますが、報告書や日報などの基本的なビジネス文書は、皆さんがお勤めの会社でフォーマット化されていると思います。また、基本的には事実とそれに基づいた意見を書くだけというケースが大半なので、わざわざ ChatGPT を使う必要はないでしょう。ですから、今回は作成するのに手間がかかると思われる文章の作成に絞って解説します。

ここでは、社外のお客様向けのメールを作成してみましょう。

まずごく基本的な質問文でメール作成を依頼してみます。

プロンプト例1　　基本

 User　新しい顧客から問い合わせがあったので、お礼のメール文章を作って。

 Chat GPT　件名：お問い合わせありがとうございます

お客様、

この度は弊社にお問い合わせいただきありがとうございました。お客様のお問い合わせ内容につきまして、弊社担当者が迅速かつ丁寧に回答させていただきます。

弊社は常にお客様にご満足いただけるサービスを提供することを心がけております。お客様からのご質問やご要望に対し、迅速に対応いたしますので、お気軽にお問い合わせください。

何かご不明な点がございましたら、遠慮なくお問い合わせください。また、今後とも弊社をよろしくお願い申し上げます。

敬具

非常にシンプルなプロンプトですが、ここまで作ってくれます。

さらに「他には」と質問を続けることで、その都度異なる文章を作ってくれます。

User 他には。

 Chat GPT 件名：お問い合わせありがとうございます

親愛なるお客様、

このたびは、弊社にお問い合わせいただき、誠にありがとうございます。お客様からのご連絡を大変うれしく思います。

弊社では、お客様に最高のサービスを提供することを使命としております。お客様がご満足いただけるよう、真摯に取り組んでまいります。

【以下省略】

　人間を相手に「他には」と何度もリクエストし続けるのは気が引けますが、AIなので気にせずに何度でも作り直しを命じることができます。

　ChatGPTに100点満点の文章を作ってもらうのは難しいですが、このようにいろいろな文章案を作ってもらい、これらをツギハギ・加筆・修正していくことで、自分がゼロから作るよりも圧倒的にラクになり、さらにクオリティの高い文章を作れます。ChatGPT活用のスタンス（28ページ）にもまとめましたが、**「正解を求める」のではなく、「案を求める」「最終化や選択は自分で決める」**というのが適切な使い方です。

　この「プロンプト例1」の良い点としては次のことが挙げられます。

・気軽に使える
・このレベルでも何らかの文章を作ってくれ、参考にはなる

　それに対して改善余地は次の通りです。

・目的・状況が抽象的

・要件がない
・文体が定まらない

　今回の「プロンプト例1」でいうと、「お礼のメール」といっても、どんなタイプのお客様や会社なのかなど、状況が完全に抜け落ちています。あるいは、メールを送ってどうしたいのか、何を達成したいのかという目的や要件も不明です。さらに、どのようなスタイルの文章にしたいのかの要望もありません。

プロンプト例2　目的と要件を指定

　次のプロンプト例では、メールの「目的」「要件」を指定したうえで文章作成を依頼します。

顧客へのお礼メール文章の作成
新しい顧客から問い合わせがあった。
以下の「目的」「要件」を踏まえ お礼のメール文章を作って。

目的
・商談を獲得する

要件
・最初に問い合わせのお礼を伝える
・アポイントを提案する
・商談では、他社事例や最新トレンドをお伝えできることを伝える

　これでもまだ「どんな顧客か」「どんな文章スタイルか」などが指定されていませんが、先ほどの「プロンプト例1」よりはずっと具体的になりました（回答結果は次ページ）。

　第1章でも解説しましたが「目的」「要件」についている「##」は見出しを表す「マークダウン記法」です（31ページ）。

　「#」が1つで「見出し1（大見出し）」、2つで「見出し2（中見出し）」、3

つで「見出し3（小見出し）」という意味です。これにより、記述内容の構造が明確になります。

　この「プロンプト例2」では、1行目の大見出しで何をしたいのかを見出しにして、その次の行で文章で概要を伝えています。さらに、「目的」「要件」を中見出しとして、その下に文章で具体的な内容を記しています。

件名：お問い合わせありがとうございます

拝啓　時下ますますご清祥のこととお慶び申し上げます。
さて、この度は弊社にお問い合わせいただき、誠にありがとうございます。

お問い合わせいただいた内容について、弊社ではお力になることができます。

ぜひ、商談の場で詳しくお話しできればと考えております。
以下の通り、アポイントをご提案いたします。

【日程】
〇〇月〇日（月）　14:00 〜

【場所】
弊社会議室　または　お客様のご希望の場所

また、商談の際には、他社事例や最新トレンドなど、お役に立つ情報をご提供できることと存じます。

何かご不明な点やご質問等ございましたら、お気軽にお問い合わせください。
引き続き、ご検討いただけますようお願い申し上げます。

敬具

【会社名】
【担当者名】

「プロンプト例1」よりも内容が具体的になり、やってほしいことに近づきました。なお、ここでも別案がほしいと思ったら、「他には」と入力します。あるいは「もう少し丁寧な表現にして」というような指示もできます。

　このように「**他には**」や「**もっと○○にして**」**と追加で依頼することで、さまざまなパターンの回答を得ることができます。**文章作成に限らず、リサーチなどさまざまなシーンで使えるテクニックです。

プロンプト例3　　文章テイストを定義

　先ほどの「プロンプト例2」に、さらに「文章テイスト」を追加してみます。

 User　# 顧客へのお礼メール文章の作成

新しい顧客から問い合わせがあった。

以下の「目的」「要件」を踏まえ お礼のメール文章を作って。文体は「文章テイスト」に合わせて。

【※目的、用件は「プロンプト例2」(47ページ) と同じものを入れる】

文章テイスト
・ビジネス用
・フォーマル
・丁寧

どうなるでしょうか?

 Chat GPT　件名：【お問い合わせ】ご連絡ありがとうございます

拝啓　時下ますますご清祥のこととお慶び申し上げます。

この度は、弊社へお問い合わせいただきまして誠にありがとうございます。

お客様のご要望に真摯にお応えし、より良いビジネスパートナーシップを築いていけるよう努めてまいります。

まずは、お忙しい中お問い合わせいただきましたことに心より感謝申し上げます。

ご興味をお持ちいただけましたこと、大変嬉しく存じます。

是非、ご希望の日時にお打ち合わせのアポイントをさせていただけますでしょうか。

弊社の専門スタッフが、お客様のご要望に合わせた最適なご提案をさせていただきます。

また、他社様の成功事例や最新トレンドなど、幅広い情報をお伝えできます。

【以下省略】

　もともとビジネスメールなので、これまでのプロンプトでも丁寧な文章でしたが、さらにフォーマルかつ丁寧になります。

　この「プロンプト例3」のように**「目的」「要件」に加えて「文体」も指定することで、自分が希望する文章に近づけることができます。**さらに、自分が過去に書いたメールなどを「参考例」としてプロンプト内に貼り付けることで、文章の完成度を高めることも可能です。

　ただし、最初から「プロンプト例3」のような依頼文を作るのは大変です。まずは「プロンプト例1」のようにざっくり質問し、回答をしながら、目的や要件を追加していくアプローチが実践的です。

プロンプト例4　　文章のチェック・添削

　自分が作成した文章のチェックを依頼し、改善点や修正点を教えてもらうこともできます。このとき「プロンプト例3」と同様に「目的」「要件」「文章テイスト」を指定しておくと、添削の精度が上がります。

顧客へのお礼メール文章のチェック

以下の「メール文章」について、「目的「要件」「文章テイスト」も踏まえて、改善点や修正点があれば教えて。理由も教えて。

目的
・商談を獲得する

要件
・最初に問い合わせのお礼を伝える
・アポイントを提案する
・商談では、他社事例や最新トレンドをお伝えできることを伝える

文章テイスト
・ビジネス用
・フォーマル
・丁寧

メール文章

To ○○様

リモートワーク研究所 池田です。
この度はお問い合わせ、誠にありがとうございます。
ご興味をお持ちいただけ大変嬉しく存じます。

ChatGPT 活用研修について、ぜひ一度、お打ち合わせさせていただければ幸いです。

以下のいずれかの日程のご都合はいかがでしょうか?

・5月1日 10:00-12:00

何卒よろしくお願い申し上げます。

このメール文章は、商談を獲得するための目的と要件を満たしていると言えます。以下に改善点や修正点を提案します。

1.2 段落目に「アポイントを提案する」という要件がありますが、具体的な提案がなされていません。アポイントの日程提案を行い、相手の都合に合わせた調整を行うことが重要です。

2.3 段落目で、「商談では、他社事例や最新トレンドをお伝えできることを伝える」という要件がありますが、具体的な事例やトレンドの内容が示されていません。相手の業界やビジネスに関連する最新トレンドや成功事例など、具体的な情報を提供することが重要です。

【以下省略】

　このようにフィードバックをしてくれます。「他には」と入力すると、さらに別の観点から指摘してくれます。**「改善案がほしい」と入力すると、修正した文章を作ってくれます。また、「改善した場所と改善内容、理由を表形式で」と入力すると、表形式でわかりやすく回答してくれます。**

　このように「プロンプト例4」を使うことで文章の最終チェックができるとともに、さまざまな表現のアイデアを得られます。

 活用例2 **社内イベントの案内文の作成**

まずはごく簡単なプロンプトで依頼してみます。

プロンプト例1 　基本

 User　社内で新人歓迎会を行なう予定なので、案内用の文章を作って。

はい、以下は新人歓迎会の案内文例です。

件名：新人歓迎会のご案内

いつもお世話になっております。社内新人教育委員会です。

このたび、新入社員を歓迎するために新人歓迎会を下記のとおり開催いたします。

日時：〇月〇日（〇曜日）〇時～〇時
場所：〇〇ホール

新人歓迎会は、新入社員の方々と先輩社員の方々が交流を深める場となります。また、新人教育の一環として、会社の歴史や理念、ビジョンなどもご紹介いたします。

当日は、軽食や飲み物を用意しておりますので、気軽にご参加ください。

参加ご希望の方は、下記の日程までにお返事をいただけますよう、お願い申し上げます。

日程：〇月〇日（〇曜日）
返信先：新人教育委員会

ご多忙のところ、恐れ入りますがご検討いただきますよう、お願い申し上げます。

以上、よろしくお願いいたします。

具体的な情報がまったくない状態でもここまで作ってくれます。

「活用例1」と同様に「他には」と入力して別パターンを出してもらえます。

　回答をいくつか出してもらって、使えそうな部分をコピペしてツギハギしても文章が作れます。ただ、これだと具体的な情報を指定しておらず構成要素や文章テイストなども指定していないため、当然ながら粗いアウトプットになります。

 プロンプト例2　要件を追加

「プロンプト例1」に、日時・場所などの要件を追加し、改めて依頼してみましょう。

 User　# 新人歓迎会用の案内文

社内で新人歓迎会を行なう予定。以下の「要件」を踏まえ、案内用の文章を作って。

要件
・日付：5月10日（水）19時
・場所：リモートラウンジ
・住所：東京都渋谷区 3-10
・会費：新人以外は 3000 円。新人は無料。
・新人は1分間の挨拶スピーチを考えてくること。

Chat GPT　新人歓迎会の案内

日頃よりご多忙中、お疲れ様です。
弊社では、新入社員の方々を歓迎するために、新人歓迎会を開催いたします。
新しいメンバーと交流を深める良い機会となりますので、ぜひご参加ください。

日時：5月10日（水）19時
場所：リモートラウンジ（東京都渋谷区 3-10）
会費：新人以外は 3000 円。新人は無料です。

※会費には、軽食や飲み物代が含まれています。
新人の皆様には、1分間の自己紹介スピーチをお願いいたします。
自己紹介の中で、趣味や特技、今後の抱負などを簡単にお話いた
だけると嬉しいです。

なお、本イベントはオンライン開催となりますので、リモートでの参
加が可能です。
詳細につきましては、別途ご案内いたします。

ご多忙の中、ご検討いただけますと幸いです。

　これくらい具体的になると、そのまま案内文として使うことができます。こ
のプロンプトはアウトプット例を指定していないので、質問のたびに違う形で
回答が返ってきます。特段こだわりがなければそれでもよいですが、実際に
は社内でよく使われているフォーマットで出力してもらえると便利ですよね。

プロンプト例3　アウトプット例を定義

　次は「プロンプト例2」に、「## アウトプット例」を加えます。このよう
に指定することで、こちらが望む形で文章を作ってくれます。「プロンプト
例3」の｜挨拶文｜｜日時｜などの｜　｜は、プログラムの変数にあたる部分です。
年賀状ソフトで、名前や住所などを差し替えることができますが、それに近
い指定です。なお、｜　｜は（　）としても大丈夫です。

 # 新人歓迎会用の案内文

社内で新人歓迎会を行う予定。以下の「要件」を踏まえ、「アウトプッ
ト例」のように案内用の文章を作って。

##要件（※）
【※要件は「プロンプト例2」（54ページ）と同じものを入れる】

アウトプット例
{ 挨拶文 }

【日付】
{ 日付 }
【場所】
{ 場所 }

【プログラム】
{ プログラム内容 }

{ 締めの文 }

 ご入社おめでとうございます!

新人歓迎会を下記の要領で開催いたしますので、ご出席ください。

【日付】
5 月 10 日（水）19 時

【場所】
リモートラウンジ
東京都渋谷区 3-10

【会費】
新人は無料、新人以外は 3000 円となります。

【プログラム】
19:00 〜 19:10　歓迎の挨拶
19:10 〜 19:30　新人自己紹介（1 分間のスピーチ）
19:30 〜 20:00　フリータイム

【お願い】
新人の皆様には、1 分間の自己紹介スピーチをお願いいたします。
自己紹介内容は、趣味や特技、入社のきっかけ等、何でも結構ですので、ぜひお聞かせください。

【締めの文】
社員一同、新人の皆様とお会いできることを楽しみにしております。

このようにアウトプット例を指定することで、使いやすい文章を作ることができました。

活用例3 プレスリリース（新商品／サービスの案内文）の作成

続いて、社外に発表するプレスリリースの文案を作成してみましょう。

 プロンプト例1 　基本

 User 「リモートワークの導入支援」の新サービス用のプレスリリース文章を作って。

Chat GPT 【FOR IMMEDIATE RELEASE】

新サービス「リモートワークの導入支援」の提供開始

日付：2023年6月2日

株式会社〇〇は、企業のリモートワーク導入を支援する新たなサービスを発表いたします。現在の社会情勢の変化に伴い、リモートワークはますます重要性を増しています。私たちのサービスは、企業がスムーズにリモートワークを導入し、効果的な運営を行うための包括的なソリューションを提供します。

当社の「リモートワークの導入支援」サービスは、以下の特長を備えています：

【中略】

詳細については、弊社ウェブサイト（www.example.com）をご覧ください。お問い合わせやご質問がございましたら、下記の連絡先までお気軽にお問い合わせください。

【会社概要】
株式会社〇〇は、リモートワーク支援やビジネスコンサルティングなどを提供するリーディングカンパニーです。私たちは、企業の成長とイノベーションを促進するために、幅広いソリューションを提供しています。

【メディアに関するお問い合わせ先】
〇〇広報部
メディア連絡先：〇〇〇〇〇
E メール：press@example.com

　非常にざっくりした指示ですが、それなりの文章を作ってくれます。サービス内容についてはまったく触れていないにもかかわらず、勝手に解釈して付け加えてくれるのもすごいですね。もちろん実際のサービス内容と異なる部分は修正しましょう。

プロンプト例2　　プレスリリースの構成要素の検討

　「プロンプト例1」は、構成などをまったく考えずに依頼しましたが、プレスリリースや商品紹介などは定番の構成要素があり、また内容によって必要な要素が異なります。

　次の「プロンプト例2」では、まず「どんな構成要素が必要か」を確認します。

 User　新サービス用のプレスリリースを書きたい。定番の構成要素と、各要素の説明を箇条書きで教えて。

 ChatGPT　プレスリリースは、新サービスの発表や重要なアップデートに関する情報を伝えるための効果的なツールです。以下に、プレスリリースの定番の構成要素とそれぞれの要素の説明を箇条書きで示します。

ヘッドライン：
・プレスリリースの最初の行に位置する重要な要素です。
・新サービスの特徴や利点を簡潔に伝えるタイトルとなります。

・興味を引くことが求められます。

サブヘッド：
・ヘッドラインの下に続く 2 番目の重要な要素です。
・サービスの詳細や目的を簡潔に説明します。
・ヘッドラインを補完し、読者の関心を引き続ける役割を果たします。

【以下省略】

　この質問で、一般的なプレスリリースにどんな構成要素が求められるかがわかります。

　ChatGPT は「回答を長くしすぎないようにする」傾向があり、ポイントを絞って回答してきます。要素出しや観点出しをする際は、追加で「他には」と入力すると、最初の回答以外にもさまざまな要素を教えてくれます。

　また、**説明だけではイメージができない場合、「○○の具体例を教えて」「○○について詳しく説明して」と質問するのも有効です**。例を作ってくれたり、説明のレベル感を柔軟に変更してくれたりするのが ChatGPT の良い点です。

新サービスに関する効果的なヘッドラインの具体例を教えて。

以下は、新サービスに関する効果的なヘッドラインの具体例です。

1. 「革新的な AI テクノロジーが生み出す次世代のサービスが登場」
2. 「業界初のプラットフォームで、ビジネスの効率化と成長を実現」
3. 「驚きのパフォーマンスと使いやすさを兼ね備えた最新のサービスがローンチ」

【以下省略】

　「プロンプト例2」で学んだことを参考にして、今度はサービス内容や構成要素を具体的に指定して依頼しましょう。

新サービスのプレスリリース文章の作成
あなたはプロの広報担当です。「サービス」の魅力が伝わるようなプレスリリース文章を「プレスリリースの構成」にしたがって作ってください。

サービス
・リモートワークの導入支援
・10人以下の中小企業に特化
・クラウドツールを組み合わせることで、費用を抑えてリモート環境を作れる
・ツールだけでなく、コミュニケーション方法の研修もセット

プレスリリースの構成
・ヘッドライン
・サブヘッド
・リード文
・本文
・顧客の声
・社会的な価値
・連絡先情報

【ヘッドライン】
中小企業のリモートワークを支援する新サービスが登場！費用削減と円滑なコミュニケーションが実現

【サブヘッド】
クラウドツールを活用したリモート環境構築とコミュニケーション研修をセットにしたサービスで、中小企業の業務効率向上をサポート

【リード文】
今日、リモートワークの導入が急務となる中、中小企業の皆様に朗
報です。新たなサービスが登場し、クラウドツールを駆使してリモー
ト環境を手軽に構築できるだけでなく、コミュニケーション方法の研
修もセットになっています。これにより、業務の効率化と円滑なコミュ
ニケーションの実現が可能となります。

【本文】
従来、中小企業がリモートワークを導入する際には、高額なツール
の導入費用や独自の環境構築がハードルとなっていました。しかし、
新たなサービスがこれらの課題を解決します。当サービスは、10人
以下の中小企業に特化したリモートワーク支援サービスであり、ク
ラウドツールを組み合わせることで、費用を抑えながら簡単にリモー
ト環境を構築することができます。

【以下省略】

このように必要な情報を整理して依頼することで、すぐに使えるレベルの
プレスリリース文章を作成してくれました。さらに完成度を上げるために、
「リード文の別パターンを作って」 など、**特定の箇所の異なるパターンを依
頼することも可能です。**

> 活用例 4　ブログや社内報の記事作成

次は長い文章を作成してみます。ここではブログ記事を作成しますが、こ
の作り方は社内報の記事やスピーチの台本の作成などにも応用できます。

プロンプト例1　基本

まずは、ざっくりと「『リモートワークを成功させるため』についてのブ
ログ記事を書いて」と依頼してみます。

User 「リモートワークを成功させる方法」についてのブログ記事を書いて。

ChatGPT はい、リモートワークを成功させるためには、いくつかのポイントがあります。以下で詳しく説明します。

1. コミュニケーションを重視する
リモートワークでは、オフィスでのような直接のコミュニケーションが難しいため、コミュニケーションを重視することが重要です。メールやチャットツールなどを使い、日々のやりとりを密にすることで、チーム全体が同じ方向に向かって進むことができます。また、ビデオ会議ツールを使って定期的にチームメンバーと顔を合わせることも大切です。

2. タスク管理を徹底する
リモートワークでは、チーム全員が同じ場所にいないため、タスク管理が重要になります。プロジェクト管理ツールを使って、誰が何を担当しているのか、進捗状況はどうかなどを共有し、タスクの進捗管理を徹底することが必要です。

【以下省略】

　かなり粗い指示ですが、これくらいのレベルの文章を作ってくれます。長めの文章を作成するときは途中で止まってしまうので、止まったら「Continue generating」ボタンをクリックします。

　簡易な依頼でもある程度の文章を作成してくれるので、この文章をもとにして自分で情報を追加・修正して仕上げるという使い方もできます。

　一方で、「プロンプト例1」の改善余地として次のことが挙げられます。

・非常に一般的な内容で深みがない
・目的・要件がない
・構成がわかりづらい

・文体が定まらない

　記事など長めの文章を作る場合は、最初に構成だけを作るのがおすすめです。自分で考えてもいいですし、ChatGPT に構成のアイデアを出してもらってそれをもとに考えるのでもいいでしょう。

　構成を固めたあとで、それをもとに文章を作成してほしいと依頼します。

プロンプト例2　　構成の作成

　では、どうやって構成を作ればよいでしょうか？　次のプロンプトをご覧ください。

 User　# ブログ記事の作成

「リモートワークを成功させるため」についてのブログ記事を作成したい。以下の「記事の目的」を踏まえ、記事の骨子を箇条書きで作って。

記事の目的
・読者は、まだリモートワークをしていない会社
・読者は、企業の経営者やマネージャー
・リモートワークを始めたいと思ってもらう
・リモートワーク研修サービスに興味を持ってもらう

　記事の目的を明確にしたうえで、「記事の骨子を箇条書きで」と依頼することで、必要な要素をリストアップしてもらいます。すると次ページのような回答を得られます。

以下は、リモートワークを成功させるためのブログ記事の骨子の一例です。

序文
1. リモートワークとは何か
・リモートワークのメリット・デメリットについて

2. リモートワークの導入に向けた準備
・導入前に確認すべきポイント
・社員の意識改革について
・セキュリティ対策について

3.・リモートワーク時のコミュニケーションについて

【以下省略】

　このように構成を箇条書きで提示してくれます。

　「他には」と聞くことでほかの構成要素を教えてもらえます。十分な構成要素を得られるまで、「他には」を続けます。挙げてもらった要素はすべて使うわけではなく、その中から自分が使いたいもの、気に入ったものを選びます。

　「プロンプト例2」のポイントは次の通りです。

・「骨子を箇条書き」と指定することで、構成を明確にしている
・目的を明確にし、より適切な構成を促している
・「他には」で、ほかの構成要素も追加できる

　では、次の「プロンプト例3」では、骨子をもとに文章を作成しましょう。ここでは「骨子を踏まえて、記事の文章を作って」と依頼しました。「##骨子」の下に「プロンプト例2」でリストアップしてもらった要素から、自分を使いたいものを選んで貼り付けます。

User # ブログ記事の作成
「リモートワークを成功させるために」についてのブログ記事を作成
したい。以下の「記事の目的」「骨子」を踏まえ、記事の文章を作って。
【※記事の目的は「プロンプト例2」(63ページ)と同じものを入れる】

骨子
・序文
- リモートワークとは何か
- リモートワークのメリット・デメリットについて
・リモートワークの導入に向けた準備
- 導入前に確認すべきポイント
- 社員の意識改革について
- セキュリティ対策について…

　ここでは「・」と「-」を使い分けて文章の構造をわかりやすくしています。
骨子に合わせて文章を作成してくれます。

ChatGPT リモートワークを成功させるために

リモートワークは、場所や時間に縛られずに働くことができるため、
従業員にとっては働きやすい環境であり、企業にとってはコスト削減
や人材確保につながるメリットがあります。しかし、リモートワーク
にはデメリットもあり、従業員の管理や情報セキュリティなど、導入
には慎重な準備が必要です。本記事では、まだリモートワークをし
ていない企業の経営者やマネージャーを対象に、リモートワークの
導入に向けた準備や成功のコツを紹介します。

序文
まず、リモートワークとは何か、そのメリット・デメリットについて紹
介します。リモートワークを導入することで、従業員のモチベーショ

ンアップや生産性向上などのメリットがある一方、コミュニケーション不足や情報漏えいなどのリスクもあることを認識しましょう。

リモートワークの導入に向けた準備
リモートワークを導入する前に、以下のポイントを確認しておくことが重要です。

【以下省略】

　この「プロンプト例3」では、骨子を明確にし、文章内容を具体的にすることで完成度の高い文章を作成してもらえました。このほか文章スタイルに対する要望を入れたり、具体例や事例などを追加してほしいといったことをリクエストしてもよいでしょう。

　文章スタイル、具体例や事例の追加など、文章への要望を追加したのが次の「プロンプト例4」です。

プロンプト例4 　要望を追加

User 「リモートワークを成功させるため」についてのブログ記事を作成したい。以下の「記事の目的」「要望」を踏まえ、「骨子」に沿って記事の文章を作って。
【※目的、骨子は「プロンプト例2・3」（63、65 ページ）と同じものを入れる】

要望
・骨子の1つ1つを見出しにして
・柔らかい文章にして
・具体例や事例を入れて

Chat GPT 【序文】
リモートワークが一般的になってきた現代。今や、家庭の事情や交通事情などによりオフィスに出勤することが難しい場合に、リモート

ワークが選択肢として挙がることもあります。また、企業にとっても
コスト削減やワークライフバランスの改善といったメリットがありま
す。今回は、リモートワークを始める企業の経営者やマネージャー
に向けて、リモートワークを成功させるためのポイントをご紹介しま
す。

【リモートワークとは何か】
リモートワークとは、オフィスや職場以外の場所で仕事をすることを
指します。自宅やカフェ、図書館など、場所は自由です。テレワーク、
在宅勤務、リモートオフィスといった言葉でも呼ばれます。現在は、
コロナ禍によりリモートワークが一気に普及したことで、多くの企業
が導入を検討しています。

【以下省略】

　今回の文章に限らず、**文章作成をする場合は一発で完成形を出してもらお
うとするのではなく、追加の要望を繰り返すことで、少しずつ完成度を高
めていくのがコツです。**

　ChatGPT は同じ内容の質問をしてもその都度新たに回答を考える（生成
する）ので、得られる回答がその時どきで異なります。そのため、「他には」
「もっと詳しく」「○○してほしい」という追加のリクエストをして、適切な
回答を得られるまでいろいろな案を作ってもらいましょう。

▶ 活用例 5　企画書、提案書、プレゼン資料の作成

　企画書、提案書、プレゼン資料を ChatGPT で作成する方法を解説します。
ここでは、顧客向けの提案書を作成します。

　まず簡単なプロンプトを入力してみます。

以下の「サービス」の提案書を作成して。

サービス
・ChatGPT の活用研修
・オンラインで動画で学習できる
・月 10 万円の 1 年間契約
・30 人まで使い放題

 【サービス提案書】ChatGPT の活用研修

ご担当者様

いつもお世話になっております。この度は、当社から新たなサービス提案をさせていただきます。

当社では、最新の AI 技術を応用した言語処理モデル「ChatGPT」を活用した研修サービスを提供しております。この研修を通じて、従業員の能力向上につなげ、企業の業績向上を支援いたします。

【サービス概要】

・ChatGPT の活用研修
当社の ChatGPT を使った研修により、言語処理能力の向上やコミュニケーションスキルの改善を図ります。

【以下省略】

　このようなシンプルなプロンプトでも、参考になるレベルの回答を得られます。ここから要望を追加し、実際に使えるレベルに仕上げていきます。

「プロンプト例1」に「どんな顧客か」「どんな要素を含めたいのか」「提案書の構成」を自分で定義・追加したうえで依頼します。

提案書の作成
以下の「顧客」向けに、「提案書の構成」に沿って、以下の「サービス」の提案書を作成して。

サービス
【※前ページの「プロンプト例1」と同じサービス内容を入れる】

顧客
【※自分で定義した顧客セグメントを入れる】

提案書の構成
・魅力的なタイトル
・提案のサマリ
・顧客の現状課題・関心
・サービスの提供価値
・サービスの具体的な内容
・料金
・導入スケジュール
・想定される質問と回答

タイトル：ChatGPT を活用したビジネス変革 - 効率と革新の研修プログラム

提案のサマリ
当社は、コンサルティング会社やアドバイザー向けに、ChatGPT を活用したビジネス変革を促進する研修プログラムを提供します。このプログラムにより、クライアント企業の業務改善や問題解決能力を向上させることが可能です。オンラインで動画で学習できるため、柔軟にスキルを身に付けることができます。1 年間の契約で月 10 万

円という手頃な価格で、最大 30 人までの利用が可能です。

顧客の現状課題・関心
コンサルティング会社やアドバイザーは、クライアント企業の業務改善や問題解決に取り組む際、効率的かつ効果的な方法を求めています。また、新たな技術やツールを活用して、競争力を高めることにも関心があります。

サービスの提供価値
本研修プログラムを導入することで、以下のような価値が得られます。

【以下省略】

　このようにプロンプトの条件が増えた場合、GPT3.5 だとすべての条件を反映できないことが増えてくるので、GPT-4 を推奨します。この回答例も GPT-4 のものです。

　ここでは「想定される質問と回答」も一緒にしていますが、この部分は別のチャットに分けることもできます。177 ページで紹介した想定問答集と同じ要領で作成できます。

　最後に PowerPoint 文書の原案を作ってみます。まずは構成要素を挙げてもらいます。なお、今回も GPT-4 を使います。

プロンプト例3-1　　PowerPoint用の構成の作成

 User

\# 提案書の構成作成
以下の「顧客」向けに、以下の「サービス」の PowerPoint 提案書を作りたい。提案書の構成を箇条書きで作成して。

顧客
【※「プロンプト例 2」（69 ページ）と同じ顧客セグメントを入れる】

サービス
【※「プロンプト例 1」（68 ページ）と同じサービス内容を箇条書き
で入れる】

提案書の構成：

1. タイトルページ
・提案書の題名（例：ChatGPT 活用研修プログラム）
・提案者と提案先の情報（例：あなたの会社名、提案先のコンサルティ
　ング会社やアドバイザーの名前）
2. 目次
3. はじめに
・提案書の目的と背景の説明
・顧客セグメントへの簡単な紹介
4.ChatGPT の概要
・ChatGPT の機能と利点について説明
5. サービスの詳細

【以下省略】

　ここで「他に含めた方がよい要素はある？」などのプロンプトを入力して、
追加の構成要素を引き出してもよいでしょう。

　構成要素がそろったら、次ページの「プロンプト例 3-2」を入力して、
PowerPoint のスライドの形式に合わせて配置してもらいます。

User 上記構成に沿って「アウトプット例」のように内容を具体的に作成して。

アウトプット例
ページ1
・スライドタイトル：
・メッセージライン：
・内容：

 Chat GPT # アウトプット例

ページ1
・スライドタイトル：ChatGPT 活用研修プログラムの提案
・メッセージライン：あなたのビジネスパートナーへの最適なソリューション
・内容：
・コンサルティング会社やアドバイザー向け
・ChatGPT を活用してクライアントの業務改善や問題解決に取り組む
・オンライン動画研修で学ぶ
・1年間契約（月額10万円）・30人まで使い放題

ページ2
・スライドタイトル：目次
・メッセージライン：提案内容の概要
・内容：

1. はじめに
2.ChatGPT の概要
3. サービスの詳細
4. 顧客の課題と解決

【以下省略】

「ページ1・2」が PowerPoint のスライド1枚にあたります。

「# アウトプット例」を指定することで、PowerPoint に展開しやすい構成で回答を出力してもらっています。

今回の例では、「構成を聞く」→「スライド用の情報を作る」としましたが、構成自体は自分で決めておき、スライド用の情報だけを作ってもらうこともできます。

活用例6　議事録の整理

前提として議事を記録したテキストデータ（メモ）が必要です。最近では、音声や動画をもとに、その内容を文字起こししてくれるツールや、整理までしてくれるツールもあります。

今回は、すでにあるテキストデータを ChatGPT で整理する方法を解説します。この方法は、議事録の整理に限らず、雑多なテキストデータを整理する際にも有効です。

プロンプト例1　基本1

 User　以下の議事メモを議事録として整理して。

\# 議事メモ
- 森田が、ChatGPT を利用した研修について説明を行なった。
- 研修は、オンライン上で行なわれ、ChatGPT を活用した動画学習
　が可能であることを説明。
- 研修期間は、2週間から4週間程度で、受講者数は最大30人ま
　でとのこと。
- 研修費用は、月額10万円で、1年間契約することが前提条件であ
　ることを伝えた。

【以下省略】

以下が議事録の整理となります。

日付：xxxx 年 xx 月 xx 日
場所：xxxx

出席者：
森田
山本

議題：ChatGPT を活用した研修についての商談

議事メモ：

1. 森田が、ChatGPT を利用した研修について説明を行った。研修は、
   オンライン上で行われ、ChatGPT を活用した動画学習が可能であ
   ることを説明。

【以下省略】

　回答画面は GPT-4 によるものです。GPT3.5 で整理するよりも良い結果を
得られます。特に指示しなくても、構造化してくれるので便利です。ただし、
1 回あたりの文字数が多いと、入力を受けつけてもらえないので注意が必要
です。本稿執筆時点（2023 年 5 月）で、日本語で 2500 〜 3000 文字程度が
上限の目安です。これを超える場合は、分割して依頼する必要があります。

　「プロンプト例1」では、議事録のフォーマットを特に指定しませんでした。この「プロンプト例2」では、フォーマットを指定したうえで議事録を作成します。

 # 議事録の作成

以下の議事メモを議事録にまとめたい。以下のアウトプット例のようにまとめて。

アウトプット例
・決定事項：
-
-
-

・TODO：
-
-
-

・主な内容（サマリ）：
-
-
-

・詳細：
-
-
-
-...

議事メモ

【※メモデータや文字起こしのテキストを貼り付ける】

 ## 議事録

・決定事項：
なし

・TODO：

1. 山本が顧客企業内で研修費用や期間、受講者数などを検討し、
   改めて返答することになった。
2. 森田が研修について具体的なカリキュラムや、研修実績などの資
   料を提供することになった。

【以下省略】

　今回は GPT3.5 の回答です。GPT3.5 であっても枠をきちんと設定するこ
とで、構造化されたわかりやすい議事録になります。ただし、情報の理解度
や精度は GPT-4 に比べると低いので、可能であれば GPT-4 を使ったほうが
よいでしょう。

プロンプト例3　　会議内容で分類

　「プロンプト例2」では、会議内容を「決定事項」「TODO」など一般的な
内容に整理しました。次は、議事を「内容」でカテゴライズ（分類）する方
法をご紹介します。

 # 会議内容のカテゴライズ
以下の議事メモの内容を3つに分類して。

議事メモ
【※メモデータや文字起こしのテキストを貼り付ける】

以下のようにカテゴライズできます：

研修内容と方法
1. 森田が、ChatGPT を利用した研修について説明を行った。
・研修は、オンライン上で行われ、ChatGPT を活用した動画学習が
　可能であることを説明。

【中略】

2. 研修費用、期間、受講者数
・研修期間は、2 週間から 4 週間程度で、受講者数は最大 30 人ま
　でとのこと。

【以下省略】

　このように内容の性質で自動的にカテゴライズされました。「他のカテゴ
ライズは」と入力すると、ほかの分け方を提案してくれます。

　今回の例では分類自体を ChatGPT にまかせていますが、分類自体は自分
で決めてから「以下のカテゴリで分類して」と指定することもできます。カ
テゴリを事前に作っておくことで、複数の会議の議事内容を分類したり、デー
タとして蓄積することができます。議事録が組織の情報資産になるわけです。

第 **3** 章

情報収集 &
リサーチ

ChatGPTを情報収集&リサーチに活用する

仕事で「あの業界、あの会社の動向を調べなければいけない」「新規サービスを開発するので市場規模や競合を調べなければいけない」、あるいは「調べたことをレポートにまとめなければいけない」などといった情報収集&リサーチ業務はよく発生します。

これまでは検索エンジンやSNSなどで行なっていた情報収集ですが、ChatGPTを使うと効率的に行なえます。

情報収集&リサーチ業務のよくある課題

まず情報収集&リサーチ業務のよくある課題を挙げてみます。

・そもそも何を調べたらいい？
・どうやって調べたらいい？
・難しくて理解ができない
・伝えるための整理が大変

最初の「そもそも何を調べたらいい？」は、上司やクライアントから「調べておいて」と言われたものの、「何について調べればいいのか指示が曖昧で、何を調べたらいいのかわからない」ケースです。「何を調べるか」を自分で考えなければいけません。

何を調べるかがわかったら、次に考えることは「どうやって調べるか」といった情報収集の方法です。

また、調べたはいいが、難しくて内容が理解ができないこともよくあります。さらに、場合によっては、調べた結果を「どう整理するか」「どう伝えるか」に苦戦することもあります。

情報収集&リサーチ業務のプロセス

　ここで ChatGPT を使う前に、そもそも情報収集&リサーチ業務は、一般的にどのようなプロセスで進めるのかを整理します。

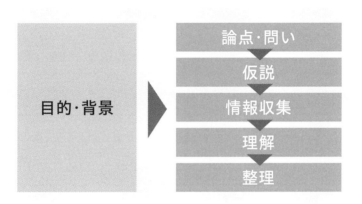

　ビジネスにおける情報収集には、当然ながら目的があります。「新たなサービスを立ち上げるため」「顧客に提案するため」「社内の業務改善に活かすため」などといった目的や背景を前提として、リサーチします。

　まず論点です。たとえば、リサーチ目的が「リモートワーク市場で新たな事業を考えたい」だとします。その際、まず「何を調べるべきか」が論点です。「現在のリモートワークでどんなサービスがあるか」「各サービスにおける主要プレイヤーは」「現状市場の課題（顧客の不満）は何か」など、状況に応じた論点があります。

　論点を設定したら、情報収集を行なう前に「仮説」を立てます。「このようなサービスがあるのではないか」「主要プレイヤーはこのような強みがあるのではないか」「現状市場にはこんな課題があるのではないか」といったものです。仮説があることで、情報の大海に飲み込まれることなく、必要な情報を効率的に探索できます。

この仮説を踏まえたうえでさまざまな情報を集めます。集めた情報をきちんと理解したうえで、整理して、ほかの人に伝えます。

▶ 情報収集&リサーチ業務におけるChatGPTの価値

情報収集&リサーチ業務のプロセスにおいて、ChatGPT を使う価値（メリット）は次の通りです。

業務のプロセス	ChatGPTの価値
論点・問い	**何を調べるべきか**を提案してくれる
仮説	**どんな結論があるか**も提案してくれる
情報収集	**さまざまな質問に瞬時に回答**してくれる
理解	**さまざまな表現で回答**してくれる
整理	**情報の整理・要約**もしてくれる

情報収集&リサーチ業務においては、最初の「論点・問い」、つまり「何を調べるのか」を決めるのが最も難しいことです。これが決まらないと一歩も前に進めません。ところが、ChatGPT に適切な質問をすることで、「何を調べるのか」が短時間でわかるのです。

また、仮説も ChatGPT に立ててもらえます。たとえば、「新しいサービスを立ち上げるにあたって、○○という状況だが、どんなアイデアがあるか？」などと質問することで、さまざまな仮説やアイデアを提案してくれます。

情報収集の段階では、さまざまな質問に対して瞬時に回答してくれます。

これまでのように検索エンジンにキーワードを入力して、さまざまなサイトを閲覧・巡回する必要がありません。

　また、検索エンジンの場合、検索結果のサイトに載っている情報が難しくて理解しづらいケースもありますが、ChatGPT であれば、**わかりづらければ、「もっと簡単に」「もっとわかりやすく」などの指示を出すことで、自分に理解できるようにかみ砕いて説明してもらえます。**

　最後に集めた情報を整理したり、要約することになりますが、こうした作業も ChatGPT が得意とするところです。「この情報を○○な形で整理してほしい」とリクエストすると、その形に合わせて整理してくれます。もちろん、何度でもやり直しが可能です。

 ## ChatGPTができないこと

　さて、メリットを説明しましたが、もちろん ChatGPT は万能ではありません。できないことや欠点も理解しておきましょう。

・あくまでも一般論や過去の知見。個別事情を完全に踏まえてくれることはなく、世の中にないような新たな提案が出るわけではない
・回答が間違っていることもよくある。ChatGPT だと根拠が不明だったり、情報が古かったりする（※1）
・個別事情や説明する相手の嗜好性を踏まえてはいない。資料化は別途必要（※2）

※1：Bing、Bard、ChatGPT 有料版のブラウジング機能を使うと、最新情報や回答根拠を出してくれます。
※2：PowerPoint などに AI が導入されることで、将来的には AI が資料作成まで対応してくれる見込みです。

　ChatGPT は「何を調べるべきか」「どのような結論があるか」を提案してくれますが、過去の情報から抽出されたものなので、一般論や過去の知見です。個別の事情を完全に踏まえることはできませんし、完全に新しい提案も出せません。

ただし「新しいものが出ない」といっても、それは「世の中全体において」という意味であって、自分1人で考えていたら思い浮かばなかった視点やアイデアなどを提案してもらえます。

　情報収集において最も理解しておく必要があるのは、ChatGPT の回答内容には誤りがよくあるということです。よくニュースなどで「ChatGPT の幻覚問題（ハルシネーション）」として取り上げられますが、もっともらしい回答を自信満々に返してきたのに、実はまったくのデタラメだったということもあります。あくまで回答は参考として受け取り、情報の真偽は自分で確認するのが必須です。

　ChatGPT は 2021 年時点の情報に基づいて開発されているので、これは致し方ありません。もちろん、新しい情報も学習しているそうですが、それがいつも引き出せるとは限りません。

　しかし、AI も日々進化しています。マイクロソフトの Bing や Google の Bard であれば回答の根拠や最新情報を引き出せます。これについてはのちほど改めて説明します。ケースバイケースでさまざまな AI ツールを使い分けることも大事です。

　情報の整理・要約においては、論点と同様、個別事情や説明する相手の嗜好性などを踏まえていないので、自分で結果を調整する必要があります。また、整理・要約の結果をもとにプレゼン資料を作る場合、現時点では自分で資料を作成する必要があります。

マイクロソフトのBingとは？

マイクロソフトの Bing や Google の Bard では、最新情報を検索して回答してくれます。ここでは Bing の仕組みを紹介します。

BingのAIチャットの仕組み

文章入力 → 文章の解釈 → Bing検索の取得 → Bing回答の取得 → チャット回答

検索エンジンが最新情報を取得　　　根拠も取得

上の図のように、質問文を入力すると、それを解釈して、検索エンジンで最新情報を取得します。検索エンジンとは別に Bing 回答という最新情報を探してくれる仕組みもあります。

質問への回答内容には、根拠として参考サイトが表示されるので、より詳しい内容を調べたり、真偽を確かめたりすることができます。

そうすると「そもそも ChatGPT ではなく Bing のほうがよいのでは」と思われる方もいると思います。しかし現時点では、Bing は回答の表示速度が遅かったり、回答内容が粗い（答えではなく、各サイトに誘導しようとする）傾向があるので、一長一短があります。

「大枠の方向性や概要を知りたい場合は ChatGPT」「最新情報や根拠を明確にしたい場合は Bing」のように使い分けるのが現時点での最適解です。

スマホの Bing アプリも利用可能です。マイクロソフトアカウントに登録

し、ログインしておく必要があります。

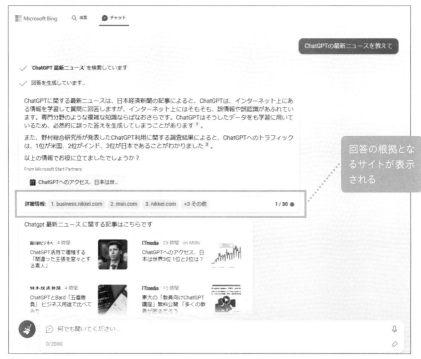

回答の根拠となるサイトが表示される

Bing の画面

> ▶ 活用例1　**知らない事柄の調査**

　仕事では、常に新しい情報を学ぶ必要があります。ChatGPT を使ってどのように調べればよいでしょうか。具体的な方法を学びましょう。

▶ プロンプト例1-1　　基本1

 User　リスキリングって何?

「○○って何?」「○○について教えて」といった質問が最も基本的なプロ

ンプトです。

リスキリングとは、従業員が新しいスキルや知識を習得することを
指します。これは、従業員が仕事に必要なスキルや能力が変化し、
古いスキルが陳腐化している場合に重要な概念です。リスキリング
は、従業員が現在の役割で成功するために必要なスキルを身につけ
ることを支援することで、企業が適応し、成長するための必要な戦
略的なアプローチとなっています。また、リスキリングは、従業員の
キャリア開発や将来的な職業的な選択肢を拡大するためにも役立ち
ます。

　回答の内容をさらに、詳しく知りたければ「もっと詳しく教えて」とか、
わかりづらければ「もっと簡単に教えて」などと追加します。

　次に、先ほどの質問を少し変えてみましょう。

プロンプト例1-2　　基本2

User なぜリスキリングは重要なの？

現代の急速に変化するビジネス環境において、技術の進歩や競合の
出現によって、従業員のスキルセットがすぐに陳腐化することがよく
あります。そのため、リスキリング（再教育）は、従業員が現在の
市場で競争力を維持し、成功するために重要な要素となっています。

リスキリングには多くの利点があります。以下はそのいくつかです。

1. 技術革新に追いつく：新しい技術やトレンドに追いつくことができ
　 れば、ビジネスは競争力を維持し、進化し続けることができます。
　 リスキリングによって、従業員は最新の技術やツールを習得し、
　 ビジネスのニーズに応えることができます。
2. 成長の機会を提供する：リスキリングは、従業員に新しいスキル
　 や知識を習得する機会を提供することができます。これにより、

従業員は自己成長を促進し、キャリアの成長を促進することがで
　　きます。

　　【以下省略】

　ただの情報だけでなく、「なぜ重要か」という理由や視点まで挙げてくれ
るのが、検索エンジンとは異なる ChatGPT の良い点です。とはいえ、回答
内容が正しくない可能性があるので、信じすぎないようにしましょう。

　追加で「他には」と入力することで、別の角度からの回答を得られます。「他
には」を繰り返すことで、その都度、新しい内容で回答してくれます。

　また、回答内容に気になる部分があったら、それにフォーカスした質問を
してもよいでしょう。ここでは「どんなスキルのリスキリングがある？」と
追加してみます。
　以下のようにリスキリングの種類を教えてくれます。

 User　どんなスキルのリスキリングがある？

 Chat GPT　リスキリングは、業界や企業によって必要なスキルセットが異なるた
　　め、リスキリングに必要なスキルは多岐にわたります。以下にいく
　　つかの例を挙げてみます。

　　1. デジタルスキル：現代のビジネス環境では、デジタルスキルが必
　　　要不可欠となっています。リスキリングのプログラムには、プログ
　　　ラミング、データ分析、ソーシャルメディアマーケティング、ウェ
　　　ブデザイン、AI、機械学習、クラウドコンピューティングなどのデ
　　　ジタルスキルを学ぶことが含まれます。

　　【以下省略】

　続いて、ある物事を調べる場合に、そもそもどのように調べたらいいか（どう ChatGPT に質問したらよいか）が思いつかないケースもあります。そんなときは、目的を提示したうえで、「どう質問したらよいか」を聞きましょう。

　すると、質問内容（論点）をいくつも挙げてくれます。

 リスキリングについて詳しく知りたい。どんなことを質問するとよい？

 リスキリングについての質問例をいくつか挙げます。ご参考になれば幸いです。

　1. リスキリングとは何ですか？その定義について教えてください。
　2. なぜリスキリングが必要なのですか？現代社会において、どのような課題に対応するために必要なのでしょうか？
　3. リスキリングにはどのような種類がありますか？それぞれの種類について説明してください。

【以下省略】

　このあとに「上記の質問にそれぞれ回答して」と依頼すると、各質問について回答してくれます。つまり、ChatGPT が自分で作った質問に自分で答えてくれるわけです。

　非常に便利ですが、複数の質問にまとめて回答してもらうと、内容が少し浅くなります。回答が物足りない場合は、特に自分が知りたいと思う質問をピックアップして、詳しく教えてもらうようにしましょう。

　このように「プロンプト例2」を使うことで、調べるための観点・視点を得られます。

先ほども述べましたが、ChatGPT が持つデータは少し古いため、最新情報を知りたいときは、Bing のチャット AI を使います。

Bing に「最近のリスキリングの成功事例は？」と質問します。

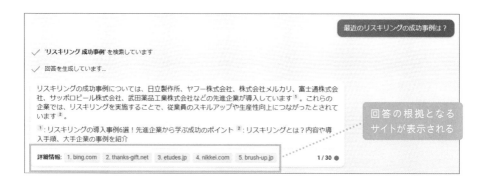

回答の根拠となるサイトが表示される

このようにさまざまな企業の事例を教えてくれます。回答部分の下の「詳細情報」にマウスポインタを移動すると、根拠となったサイトへのリンクが表示されます。

▶ 活用例2　比較調査

複数の選択肢を比べてどちらが良いのかということを判断したり、調査したりしなければならないこともよくあります。

ここでは、リモートワークとオフィス出社の比較を例にします。まずは基本的な質問としてメリット・デメリットを聞いてみます。

すると、次ページのようにそれぞれのメリット・デメリットを挙げてくれます。検討する際の一助となります。もっと詳しく知りたい項目があれば、それについて質問を追加します。

User リモートワークとオフィス出社のメリット・デメリットは？

リモートワークとオフィス出社のそれぞれには、メリットとデメリットがあります。以下にそれぞれの特徴を説明します。

【リモートワークのメリット】
1. 自由な時間割：自分の都合に合わせて、仕事を進める時間割を自由に調整できるため、プライベートと仕事のバランスが取りやすくなります。
2. 移動時間の削減：通勤時間が不要なため、貴重な時間を有効活用できます。また、交通費を節約できるため、生活費の節約にも繋がります。

［中略］

【オフィス出社のメリット】
1. コミュニケーションが円滑になる：直接会話をすることができるため、コミュニケーションが円滑になります。
2. 仕事とプライベートの区別がしやすい：オフィスで働くことで、仕事とプライベートの境界が明確になります。

［以下省略］

プロンプト例2 比較観点の洗い出し

　自分があまり詳しくない分野の場合、そもそも「どのように比較すればよいのかわからない」ことがあります。先ほどの「どんな質問をすればよいのかわからない」と同様のケースです。そんなときは、比較する際に「どのようなことを考えるべきか」を質問します。

User 自分の会社で、リモートワークとオフィス出社のどちらをメインにするかを考えたい。どんなことを考えるべき?

 ChatGPT 自社でリモートワークとオフィス出社のどちらを採用するかを決める際には、以下のようなポイントを考慮することが重要です。

1. ビジネスニーズ：自社のビジネスニーズに応じて、どちらが最適かを検討する必要があります。例えば、顧客接触が必要な業種であれば、オフィス出社が必要になる場合があります。また、チームコミュニケーションが頻繁に必要な場合は、オフィス出社が望ましいかもしれません。
2. 従業員のニーズ：従業員のニーズも重要な要素です。リモートワークを望む従業員が多い場合は、リモートワークを導入することが必要になるかもしれません。また、子育てや介護などの理由でフレキシブルな勤務時間が必要な従業員がいる場合は、リモートワークが適しているかもしれません。

【以下省略】

　このように比較をする際の観点を教えてくれます。「他には」を繰り返すことで、たくさんの観点を出してくれます。

　質問すると比較観点がどんどん増えますが、当然すべての観点を使う必要はありません。自分がピンと来たものに絞りましょう。この選ぶ作業こそ、人間に残された重要な仕事です。

> **プロンプト例3**　　自社状況を追加

　次は、仮説を得るために質問してみます。ここでは、自社にはリモートワークとオフィス出社のどちらがよいかを考えるのに、ChatGPT を使ってみます。

　ポイントは、ChatGPT に自社の状況を詳しく伝えることです。

User

自分の会社では、リモートワークと出社のどちらがよいかを考えたい。
以下の自社状況を踏まえて、どちらがよいかを教えて。

\# 自社状況
・社員は 10 名程度
・シングルマザーやワーキングマザーも多い
・パソコンでできる仕事が多い
・若い人よりも 30 代以上のベテランが多い

ChatGPT

自社状況を考慮すると、リモートワークがより適している可能性があります。

シングルマザーやワーキングマザーが多いということは、柔軟な働き方が求められる可能性があります。リモートワークを導入することで、これらの従業員が自宅で働きやすくなり、仕事と家庭の両立がしやすくなる可能性があります。

また、パソコンでできる仕事が多いということは、場所にとらわれずに仕事をすることができるため、リモートワークが可能であると考えられます。

【以下省略】

　今回は「リモートワークが適している」という結論を出してくれました。理由は「シングルマザーやワーキングマザーが多い」「パソコンを使った仕事が多い」「ベテランは自己管理能力が高い」などです。さらに、注意事項として適度なコミュニケーション、適切なルール設定が必要になるということまで挙げてくれました。

　このように、「比較の前提条件」を示すことで、状況を踏まえた判断（仮説）を提示してくれます。

　「プロンプト例4」は、前の2つのプロンプトを融合したものになります。自社状況の箇条書きの前に「『比較観点』ごとに『アウトプット例』のように比較して」としました。また、「# アウトプット例」のところでは、アウトプット例を指定しています。

User

自分の会社では、リモートワークと出社のどちらがよいかを考えたい。以下の「自社状況」を踏まえ、「比較観点」ごとに「アウトプット例」のように比較して。

自社状況
・社員は10名程度
・シングルマザーやワーキングマザーも多い
・パソコンでできる仕事が多い
・若い人よりも30代以上のベテランが多い

> 「プロンプト例2」（91〜92ページ）で得られた比較観点から自分が重要と思う観点を貼り付ける

比較の観点
・社員のニーズ：シングルマザーやワーキングマザーが多い場合、リモートワークが有利かもしれません。また、若い社員よりもベテラン社員が多い場合、オフィス出社の方が好ましいと思われます。
・業務内容：パソコンでできる仕事が多い場合、リモートワークが可能かもしれません。ただし、出社が必要な業務がある場合には、出社が必要になります。
・コミュニケーション：リモートワークを導入する場合、社員同士のコミュニケーションや情報共有に工夫が必要です。オフィス出社の場合は、社員同士が直接話をすることができるため、コミュニケーションがスムーズに行えます。
・セキュリティ：リモートワークでは、自宅やカフェなどの場所で作業することがあります。そのため、セキュリティ上のリスクが高まる場合があります。オフィス出社では、セキュリティ対策を施した安全な環境で作業ができます。
・コスト：リモートワークを導入する場合、オフィスのコストが削減で

きる可能性があります。一方、リモートワークのために必要なデバイスやネットワーク環境の整備などにコストがかかる場合もあります。

アウトプット例
・社員のニーズ：リモートワークがよい
　　→理由1：〜〜〜
　　→理由2：〜〜〜
　　→理由3：〜〜〜
・業務内容：出社がよい
　　→理由1：〜〜〜
　　〜〜〜

比較分析のアウトプット例は以下の通りです。

・社員のニーズ：リモートワークがよい
　　→理由1：シングルマザーやワーキングマザーが多く、自宅での
　　　　　　作業が必要な場合があるため。

　　→理由2：自宅での作業が可能なため、通勤の負担が軽減される
　　　　　　ことで、仕事と家庭の両立がしやすくなるため。

　　→理由3：ベテラン社員が多い場合、自分のペースで仕事ができ
　　　　　　るリモートワークは、作業効率の向上につながるため。

【以下省略】

「プロンプト例4」のように指定することで、自社の状況を踏まえたうえで、自分が選んだ比較観点で比較することができます。

　問題は、ここまでのプロンプトを毎回作るのは大変だということです。ですから、最初からこのレベルを目指すのではなく、「プロンプト例1〜3」レベルの質問をいくつか重ねて段階的に整理してから作成することをおすすめします。

次は、自分の会社が属する業界やターゲットとしている市場について、ChatGPT を使って調査してみましょう。ここでは「ビジネススキルのオンライン教育」について調べるという設定で解説します。

プロンプト例1　基本

オンライン教育市場を調べたい。どんなサービスがある？

オンライン教育市場には多くの種類のサービスがあります。以下にいくつかの例を挙げます。

1. オンライン講座プラットフォーム：Udemy、Coursera、edX、Skillshare などのプラットフォームでは、世界中の講師がオンライン講座を提供しています。主に技術、ビジネス、クリエイティブ、ライフスタイルなどの分野に焦点を当てています。
2. 言語学習アプリ：Duolingo、Babbel、Rosetta Stone などは、ユーザーがオンラインで言語を学ぶことができるアプリです。これらのアプリは、言語学習のためのゲームやクイズ、会話練習などの機能を提供しています。

【以下省略】

　このようにサービス名と簡単な解説を挙げてくれます。「他には」と質問することでサービスを増やせます。この中から気になったものがあったら「○○をもっと詳しく知りたい」と質問します。

　「プロンプト例1」のような簡単な質問をすることで、その業界・市場には、どんなサービスがあるか概観を知ることができます。この例では「オンライン教育市場」と広めに指定していますが、すでに対象の業界やサービスが決まっているのであれば、できるだけ具体的に指定したほうがよいでしょう。

　自分がよく知らない業界・市場を調べる場合、「そもそも何から調べれば
よいのかわからない」ことがあります。89 ページの「何を質問したらよい
のかわからない」と同様のケースです。こんなときは「何を調べたらよいの
か」を質問しましょう。

 User オンライン教育市場を調べたい。どんなことを調べるべき？

 Chat GPT オンライン教育市場を調べる場合、以下のようなことを調べることが
重要です。

　1. オンライン教育市場の規模と成長：オンライン教育市場の現在の
　　規模や、将来的な成長予測を調べることが重要です。

　2. 主要なプレイヤー：オンライン教育市場における主要なプレイヤー
　　や、それらが提供する教育プログラムやサービスについて調べる
　　ことが重要です。

　【以下省略】

　自分で調べるべきことを一から考えるのに比べたら非常にラクです。挙げ
てもらった論点はすべて使う必要はありません。興味があるもの、目的に沿っ
たものを選びましょう。

　続けてオンライン教育の市場規模を調べます。先ほども述べたように
ChatGPT は最新データを持っていません。ですから、このようなときは
Bing や Bard を使います（次ページ「プロンプト例3」）。

まず Bing に「国内のオンライン教育市場の市場規模を知りたい」と質問します。

続いて「国内のビジネススキルのオンライン教育市場にはどんな会社がある？」と質問します。

ChatGPT に比べ、回答のスピードは遅いのですが、情報のソース（参照元）を教えてくれるのは非常に便利です。また、Bing は"おすすめの質問"を提案して、ユーザーの思考をうながしてくれます。

　さて、業界や市場の調査においては、分析という作業が重要です。それにはフレームワークを使うと便利です。ここでは、例として PEST 分析と 5forces 分析をしてみます。なお、フレームワークについては、この章の最後で詳しく説明します。

 User　国内のビジネススキルのオンライン教育市場の PEST 分析をして。

 Chat GPT　PEST 分析は、政治・経済・社会・技術の 4 つの要素を分析するフレームワークです。以下に国内のビジネススキルのオンライン教育市場に対する PEST 分析を示します。

政治：
政府の教育政策の変化は、オンライン教育市場に影響を与える可能性がある。
教育分野における法規制が変化した場合、オンライン教育企業は影響を受ける可能性がある。

経済：
デジタル技術の進歩により、オンライン教育市場は成長を続けている。
経済の不安定さにより、個人が自己投資を減らす可能性がある。

社会：
人々が自己投資に関心を持っており、オンライン教育市場は拡大している。
COVID-19 パンデミックの影響により、多くの人々がオンライン教育を利用するようになった。

技術：
オンライン教育市場は、インターネットの普及とともに成長している。
技術の進歩により、より高度な教育コンテンツやプラットフォームが開発される可能性がある。

総合的に考えると、オンライン教育市場は政治や経済の変動によって影響を受ける可能性があるものの、社会的ニーズと技術の進歩によって成長が期待されます。

プロンプト例4-2　フレームワーク活用2（5forces分析）

 User　国内のビジネススキルのオンライン教育市場の 5forces 分析をして。

 Chat GPT　国内のビジネススキルのオンライン教育市場の 5forces 分析を以下に示します。

1. 競合他社の脅威（競争の激しさ）
・オンライン教育市場には、多数の競合企業が存在しており、競争は激しくなっています。
・マーケットリーダーである Udemy や Coursera などの大手企業が、ブランド力や広告宣伝費用による市場占有率の高さで圧倒的な優位性を持っています。
・一方で、小規模の企業や新規参入企業が、特定の分野においてより高度な教育コンテンツを提供し、競合優位性を獲得することができます。

2. 顧客の交渉力（顧客の影響力）
・オンライン教育市場の顧客は、ビジネスプロフェッショナルや学生など、多様な層がいます。
・顧客の多様性が高く、オンライン教育企業は、顧客のニーズに応じた教育コンテンツの提供や価格設定の柔軟性を持つ必要があります。

【以下省略】

　このように、フレームワークを活用することで、より網羅的・多角的に情報を得ることができます。また、情報を整理する際にもフレームワークを使

うことで社内の人間やクライアントに伝わりやすくなります。

 フレームワークを活用しよう

　フレームワークとは、ビジネスに限らず、プログラミングなどさまざまな分野で使われる言葉ですが、簡単に言ってしまうと「問題を解決するための具体的な手順や考え方の枠組み」です。ここでは、ビジネスでよく使う 16個のフレームワークを目的別に分けて、プロンプト例をご紹介します。

分析
①ロジックツリー
　大きな問題→小さな問題に分解する考え方。

 User 国内のビジネススキルのオンライン教育市場の現状をロジックツリーで整理して。

 Chat
GPT 国内のビジネススキルのオンライン教育市場の現状をロジックツリーで整理すると、以下のようになります。

　1. ビジネススキルの需要が高まっている
　1.1. 企業のグローバル化に伴い、ビジネススキルの必要性が高まっている
　1.2. COVID-19 の影響により、リモートワークやオンラインビジネスが増加し、それに対応するためのスキルが必要となっている

　2. オンライン教育市場が拡大している
　2.1. インターネット環境が整備され、オンライン学習の普及が進んでいる
　2.2. COVID-19 の影響により、対面授業が難しくなり、オンライン教育市場の需要が高まった 〈プロンプト例〉

【以下省略】

② MECE（117 ページ参照）
「漏れなくダブりなく整理する」という考え方。

 User 国内のビジネススキルのオンライン教育市場のビジネスモデルを
MECE に整理して。　　　　　　　　　　　　＊回答は省略

アイデア出し
③ SCAMPER 法（127 ページ参照）
新たなアイデアを出すための 7 つの視点。

 User ビジネススキルのオンライン教育の新しいサービスを考えたい。
SCAMPER 法でアイデアを出して。

 Chat GPT SCAMPER 法を用いてビジネススキルのオンライン教育の新しいサー
ビスのアイデアを出してみます。

S - Substitution（置き換え）
伝統的なオンラインビジネススキル教育に代わる、より効果的な教
育方法を開発する

AI を活用した自己学習プログラムの提供

C - Combination（組み合わせ）
ビジネススキル教育と人材紹介のサービスを組み合わせ、教育を受
けた人材を企業に紹介する

【以下省略】

④オズボーンのチェックリスト（129ページ参照）
　新たなアイデアを出す9つの視点。

 User ビジネススキルのオンライン教育の新しいサービスを考えたい。オズ
ボーンのチェックリストでアイデアを出して。　　　　＊回答は省略

市場分析
⑤ PEST分析（99ページ参照）
　Politics（政治）、Economy（経済）、Society（社会）、
　Technology（技術）の4つの要素で分析。

 User 国内のビジネススキルのオンライン教育市場をPEST分析して。
　　　　　　　　　　　　　　　　　　　　　　　　＊回答は省略

⑥ 5forces分析（100ページ参照）
　ある業界を①業界内のライバル企業、②代替品、③新規参入者、④顧客の
交渉力、⑤サプライヤーの交渉力の5つの要素で分析。

 User 国内のビジネススキルのオンライン教育市場を5forces分析して。
　　　　　　　　　　　　　　　　　　　　　　　　＊回答は省略

ビジネスモデル

⑦ビジネスモデルキャンバス

ビジネスを9つの要素に分けて分析。現状整理・既存事業の拡大向け。

プロンプト例

 User ビジネススキルのオンライン教育の新しいサービスを考えたい。以下のアイデア（※）をビジネスモデルキャンバスで整理して。

【※ビジネスアイデアを別途記載する】　　　　　＊回答は省略

⑧リーンキャンバス（137ページ参照）

ビジネスを9つの要素に分けて分析。新規事業・仮説検証向け。

 User ビジネススキルのオンライン教育の新しいサービスを考えたい。以下のアイデア（※）をリーンキャンバスで整理して。

【※ビジネスアイデアを別途記載する】　　　　　＊回答は省略

自社の分析

⑨ 3C 分析

自社（Company）、競合（Competitors）、顧客（Customer）の 3 視点で分析。

プロンプト例

 User ビジネススキルのオンライン教育において、〇〇社について（※）3C 分析して。

【※有名企業の場合は社名だけで可能。そうでない場合は自社の状況を別途前提として記載する】 *回答は省略

⑩ SWOT 分析

Strengths（強み）、Weaknesses（弱み）、Opportunities（機会）、Threats（脅威）の 4 つを分析。

プロンプト例

 User ビジネススキルのオンライン教育において、〇〇社について（※）SWOT 分析して。

【※有名企業の場合は社名だけで可能。そうでない場合は自社の状況を別途前提として記載する】 *回答は省略

顧客の分析

⑪セグメンテーション（122 ページ参照）
　市場（顧客）をセグメントに分ける。

プロンプト例

 User ビジネススキルのオンライン教育において、どんな顧客がいるかセグメンテーションを考えて。（※）

【※具体的な自社サービスの概要を記載するほうがよい】

＊回答は省略

⑫カスタマージャーニー（123 ページ参照）
　特定の顧客（セグメント）の体験の全体像を整理する。

プロンプト例

 User ビジネススキルのオンライン教育で、【ターゲット・セグメント】のカスタマージャーニーを考えて。（※）

【※具体的な自社サービスの概要を記載するほうがよい】

＊回答は省略

プロダクト／サービスの分析

⑬ バリューチェーン
　商品やサービスの生産から消費に至るプロセスを分析。

プロンプト例

 User　ビジネススキルのオンライン教育のバリューチェーンを教えて。（※）

【※具体的な自社サービスの概要を記載するほうがよい】

＊回答は省略

⑭ 4P 分析
　プロモーション、価格、製品、流通チャネルの 4 つの要素を分析。

プロンプト例

 User　ビジネススキルのオンライン教育を 4P 分析して。（※）

【※具体的な自社サービスの概要を記載するほうがよい】

＊回答は省略

マーケティング

⑮マーケティングファネル
購買に至るまでのプロセスを段階的に分析。

プロンプト例

 User ビジネススキルのオンライン教育のマーケティング施策を考えたい。
マーケティングファネルでアイデアを出して。（※）

【※具体的な自社サービスの概要を記載するほうがよい】

＊回答は省略

⑯ AARRR モデル
ユーザー獲得（Acquisition）、活性化（Activation）、継続（Retention）、
紹介（Referral）、収益（Revenue）の流れを分析。

プロンプト例

 User ビジネススキルのオンライン教育のマーケティング施策を考えたい。
AARRR モデルでアイデアを出して。（※）

【※具体的な自社サービスの概要を記載するほうがよい】

＊回答は省略

企画立案

ChatGPTを企画立案に活用する

企画立案業務は、会社のさまざまな部署で発生します。

たとえば、経営企画部であれば新しい事業、マーケティング部であれば新しい施策、プロダクト開発部であれば新機能の追加、カスタマーサクセス担当部署であればお客様にどのように使っていただくか、財務経理部署であればオペレーションの効率化など、ビジネスパーソンにとって欠かせない業務の1つです。

こうした企画立案業務においても ChatGPT は活用可能です。うまく使えば、圧倒的な速度で大量のアイデアを考え出すことができ、効率が劇的にアップします。

企画立案業務のよくある課題

企画立案業務では、しばしば次のような課題に遭遇します。

・現状把握が難しい
・課題や機会がわからない
・アイデアが思い浮かばない
・情報整理が大変

まず、「現状把握が難しい」についてですが、企画立案の業務では、現状を把握することが重要です。しかし、この作業は意外と複雑で、大変になることもよくあります。

また、現状を把握したあとに、そこから課題を見つけ出したり、改善の機会を探るのも、一筋縄ではいきません。課題や機会が明らかになったとしても、それに対応するアイデアを思いつくのは容易ではありません。

さらに、アイデアが出せたとしても、その次のステップ、つまりそれを社内にプレゼンしたり、資料にまとめて提案するという作業が待っています。情報を整理し、伝える形式にするには手間がかかります。

企画立案業務のプロセス

ChatGPT の活用方法を紹介する前に、企画立案業務の一般的なプロセスを整理します。

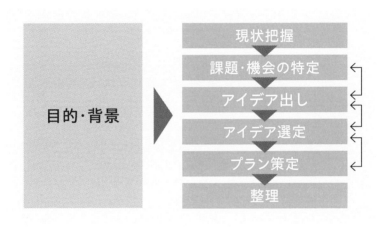

目的・背景を把握したうえで、まずは現状を把握します。それから現状に対する課題や改善の機会を特定し、これらについてのアイデアをいくつも考え出し、最適なものを選びます。選んだアイデアをもとに、スケジュールや予算、進行手順などのプランを策定します。最終的にはプランの内容を整理し、社内のメンバーに伝達します。これが一般的なプロセスです。

課題や機会の特定、アイデアの発散と選定、そしてプランの策定は、一方通行のプロセスではありません。それぞれのステージを行き来しながら、最終的なプランを練り上げていくのが普通です。

たとえば、特定した課題に対してアイデアを考えたものの、改めて別の課

題の優先度が上がり再考が必要になることがあります。また、選んだアイデアの具体的なプランを考えていく中で非現実的なことに気づき、再びアイデアを出し直すこともよくあります。

つまり、企画立案業務は試行錯誤をともないます。ChatGPT を利用することで、この試行錯誤のプロセスが格段にスムーズになります。

▶ 企画立案業務におけるChatGPTの価値

企画立案業務で ChatGPT を使うことの価値（メリット）を整理します。

業務のプロセス	ChatGPTの価値
現状把握	市場・業界の現状を整理してくれる
課題・機会の特定	さまざまな課題・機会の可能性を提案してくれる
アイデア出し	さまざまなアイデアを大量に作成してくれる
アイデア選定	比較・検討をサポートしてくれる
プラン策定	事業プラン・数値プランを提案してくれる
整理	情報を集約・整理してくれる

「現状把握」については、前述の情報収集・リサーチ業務で触れたように、ChatGPT や Bing に市場や業界の現状を整理してもらうことが可能です。

「課題・機会の特定」については、さまざまな可能性を提案してくれます。詳細はのちほどご紹介しますが、「他には」というプロンプトを用いることで、人間には思いつかないほど大量の仮説を得られます。

そして課題や機会を見つけ出すだけでなく、具体的な改善案やアイデアも豊富に提供してくれます。「他には」と要望すると、無限ともいえるほどのアイデアを出してもらえ、非常に助かります。また、アイデアの比較・検討の観点を伝えれば、どのアイデアが適切かをサポートしてくれます。さらに、アイデアに基づいたプランを提案したり、必要なタスクリストを作成してくれるので非常にありがたいです。

そして、情報の集約・整理も依頼可能です。たとえば、「もっとわかりやすくして」とか「指定の項目に従って整理して」などと依頼すると、その要望に沿って情報を整理してくれます。

▶ ChatGPTができないこと

企画立案業務においてChatGPTが「できないこと（限界・制限）」を先ほどの「ChatGPTの価値」に対応させると次のようになります。

ChatGPTの価値	ChatGPTの限界・制限
市場・業界の現状を整理してくれる	あくまで**一般論、概観、過去データ**。各社の最新情報や、現場レベルの現状把握はできない（※1）**根拠が不明、情報が古い**（※2）
さまざまな可能性も提案してくれる	
さまざまなアイデアを大量に作成してくれる	あくまで**一般論や過去の知見**。個別事情を踏まえたり、完全に新たな提案が出るわけではない
比較・検討をサポートしてくれる	あくまで**一般的な比較**であり、個別事情・提案相手の嗜好性を踏まえてはいない
事業プラン・数値プランを提案してくれる	あくまで**一般的な整理**。数値の間違いがよくある
情報を集約・整理してくれる	個別事情や説明相手の嗜好性を踏まえてはいない。**資料化は別途必要**（※3）

※1　Office 系サービスは個別分析に対応予定。「①特定の人物・企業の状況を質問する」と「②メール・カレンダーなど、さまざまな情報を横断して状況整理してくれる」ようになる
出典：『The Future of Work With AI - Microsoft March 2023 Event』https://www.youtube.com/watch?v=Bf-dbS9CcRU
※2　最新情報を知りたいときは Bing を使う
※3　今後は資料作成も① Word の原稿を指定すると、AI が②プレゼン資料を自動生成してくれる
出典：『The Future of Work With AI - Microsoft March 2023 Event』https://www.youtube.com/watch?v=Bf-dbS9CcRU

　ChatGPT を使ってわかることは、市場や業界に関する一般論で、なおかつ過去のデータに基づくものです。特定の会社の最新動向や現場レベルで発生している個別の事情などについては情報を得られません（ただし、Bing や Bard を併用することである程度は補えます）。

　また、提案されるアイデアやプランも、過去の知識に基づいた一般的な考え方で、特定の事情は考慮されていません。そのため、提案されたアイデアやプランが適切かどうかの判断や自分の会社・事業への適用は自分自身で行なわねばなりません。

　事業プランは、内容の粗いものは作成してくれますが、数値や事実関係が誤っているケースがよくあります。特に無料版（GPT3.5）は計算ミスが多いです。提供された回答をそのまま受け入れずに、必ず数値検証・事実確認を行なう必要があります。

　情報の集約・整理についても、利用者の個々の事情を考慮して行なわれるわけではないため、伝わりやすいものにするには、自分なりの工夫や編集が求められます。

　ChatGPT は非常に強力ですが「あくまでもサポートツールであり、判断や最終化は自分が行なう」という意識を忘れてはいけません。

ここでの解説は、第3章の情報収集&リサーチ業務で解説したこととも一部重複しますが、企画立案に向けたより実践的な方法を紹介します。

　「ビジネスのオンライン教育市場で新たな事業を考える」という設定で、まずは市場を把握します。さっそくプロンプト例を見てみましょう。

プロンプト例1-1　　基本（市場の現状把握）

 User ビジネススキルのオンライン教育市場の現状を教えて。

 Chat GPT ビジネススキルのオンライン教育市場は、COVID-19パンデミックの影響により、急速に成長しています。ビジネスの専門家や起業家、マネージャー、従業員など、多くの人々が自宅やオフィスから、柔軟な時間割で学ぶことができるようになりました。

この市場では、さまざまな形式のオンライン教育が提供されています。例えば、ビデオ講義、ライブウェビナー、オンデマンドコース、オンライン認定試験などです。また、主要なプラットフォームとしては、Udemy、Coursera、edX、LinkedIn Learning、Skillshare、Masterclassなどがあります。

市場規模は、2021年の時点で1兆円を超えており、今後数年間で急速に成長する見込みです。特に、人々がより多くのスキルを身に付ける必要があるという需要の増加により、ビジネススキルのオンライン教育市場が拡大すると予想されています。

一方で、市場は競争が激しく、一部のプラットフォームが支配的な地位を占めているため、新規参入が困難な状況になっています。また、コースの品質や教育内容の適合性など、課題も依然として存在します。これらの問題を解決するために、より優れたテクノロジーや教育方法の開発が求められています。

情報の鮮度は若干古く感じられるものの、市場規模や競争状況などを端的にまとめてくれています。

続いて市場の課題を把握しましょう。

 User　ビジネススキルのオンライン教育市場の課題を教えて。

 Chat GPT　ビジネススキルのオンライン教育市場には、以下のような課題が存在します。

1. コース品質の不均一性：ビジネススキルのオンライン教育市場は、非常に競争が激しく、多くのプラットフォームや講師が参入しています。そのため、コース品質にばらつきがあることが課題となっています。

2. コンテンツの古さ：ビジネススキルのオンライン教育市場は、ビジネスのトレンドや技術が急速に変化するため、コースのコンテンツが古くなってしまうことがあります。そのため、プラットフォームや講師は、常に最新の情報やトレンドを反映したコンテンツを提供する必要があります。

3. 学習効果の評価：オンライン教育は、学習者の進捗や理解度を正確に評価することが難しいため、学習効果の評価が課題となっています。適切な評価方法を導入することで、学習者の成長を追跡することが重要です。

【以下省略】

さまざまな課題を挙げてくれます。もっと知りたいときは、「他には」と入力することで、さらに課題を挙げてもらえます。

特定の分野で新しいビジネスを考えるときは、業界の現状を把握したうえ

で課題を探し、課題に対して新しいサービス、事業、アイデアを考えていきます。ChatGPT を使うと、この一連の作業を高速で行なえるわけです。

フレームワークを使って回答を構造化する

　先ほどのプロンプトにフレームワークを使う指示を追加してみます。フレームワークは、簡単に言うと「問題を解決するための手順や考え方の枠組み」です（詳細は 101 ページ）。

　ここでは「MECE」と「ロジックツリー」の 2 つを使います。

　MECE とは「漏れなくダブりなく整理する」考え方です。ロジックツリーは「大きな問題を小さな問題に分解する」考え方です。

プロンプト例2-1　　フレームワーク活用1

 User　ビジネススキルのオンライン教育市場の現状を MECE にロジックツリーで整理して。

 Chat GPT　ビジネススキルのオンライン教育市場の現状を MECE にロジック・ツリーで整理すると、以下のようになります。

I. オンライン教育市場全体の概要
A. 規模
B. 成長率
C. 主要プレイヤー

II. ビジネススキルのオンライン教育市場の概要
A. ビジネススキルとは
B. ビジネススキルのオンライン教育市場の規模
C. 成長率
D. 主要プレイヤー

【中略】

X. ビジネススキルのオンライン教育市場の規制環境
A. 規制の種類
B. 規制の影響
C. 規制の変化

以上が、ビジネススキルのオンライン教育市場の現状を MECE にロジック・ツリーで整理したものです。

【以下省略】

まず I ～ X までの観点が整理されています。「オンライン教育市場全体の概要」「ビジネススキルのオンライン教育市場の概要」など個々の大項目について、それに含まれる小項目が挙げられています。

ここで注意していただきたいのは、「MECE で」と条件を出したものの、本当に「抜け漏れダブりなく」の状態になっているとは限らないということです。自分で精査する必要があります。とはいえ、ビジネス経験が浅い新人が整理するよりも、圧倒的に高いレベルのアウトプットを、一瞬にして返してくれるのは驚愕の一言です。

さて、これだと項目が挙げられているだけで、それぞれの内容については記されていません。内容を知りたいときは「上記をそれぞれ教えて」と依頼すると各項目の内容を説明してくれます

User 上記をそれぞれ教えて。

Chat GPT ご質問いただいた内容について、以下に詳細を説明いたします。

I. オンライン教育市場全体の概要
A. 規模：オンライン教育市場は、2020 年には 2,000 億ドル以上の

規模に達し、2025 年には 3,900 億ドル以上に成長すると予測されています。

B. 成長率：オンライン教育市場は、急速に成長しており、2020 年から 2025 年にかけて年平均 17.9％の成長率が予測されています。

【以下省略】

提供されるすべての回答が正確とは限らず、またデータの数値が古い場合もあります。しかし、これらの欠点を考慮に入れても、一瞬でこのレベルの整理をしてくれる ChatGPT には十分に利用価値があります。

プロンプト例2-2　フレームワーク活用2

次は課題について、同じように依頼してみます。

 User ビジネススキルのオンライン教育市場の課題を MECE にロジックツリーで整理して。

 Chat GPT ご質問いただいた内容について、以下に詳細を説明いたします。

I. 教育コンテンツの課題
A. 品質の低下：オンライン教育市場が拡大するにつれ、品質の低下が懸念されています。
B. 著作権問題：オンライン教育コンテンツにおける著作権問題が、教育者や学生にとって課題となっています。
C. コンテンツの多様性：コンテンツの多様性が不足しているため、学習者にとって必要なスキルを網羅的に学ぶことができないことがあります。

【以下省略】

先ほどの「プロンプト例1－2」（116 ページ）の回答に近いものが返って来て、いくつかの項目を例として出してくれましたが、今回は「MECE に、ロジックツリーで」と依頼しているので、網羅的かつ階層分けして課題を整

理してくれています。

　単に「課題を教えて」の回答に比べると構造的に整理されているので理解
しやすくなります。個別項目について「○○について、もっと詳しく教えて」
などと依頼することで、深掘りして理解を深めることもできます。

▶ ビジネス機会を発掘する

　現状や課題を整理したうえで、新しいビジネス機会を発掘します。

　すでに何度か紹介したマークダウン記法による少し長めのプロンプトで質
問します。「## 現状課題」の下には先ほどのプロンプト例の回答を貼り付
けます。

> **プロンプト例3**　現状課題を追加

> **User**　# 新たなビジネス機会の発掘
>
> ビジネススキルのオンライン教育には以下のような「現状課題」が
> ある。この課題の中で、新しいサービスに繋がりそうな課題（機会）
> を知りたい。
>
> ## 現状課題（※）
> 　I. コンテンツの質のばらつき
> 　A. 講師の質のばらつき
> 　B. コンテンツの質のばらつき
>
> 　II. 受講者の学習効果の差
> 　A. コンテンツの理解度による差
> 　B. 学習環境による差
>
> 【以下省略】
> 【※「プロンプト例 2-2」（119 ページ）で抽出した課題などを貼り付ける】

新しいビジネス機会の発掘については、以下の課題が機会につながる可能性があります。

AI による学習サポートの強化：AI を活用して、受講者の理解度や進捗状況を把握し、学習プランの最適化やフィードバックの提供など、より効果的な学習サポートを提供するサービスが考えられます。

VR や AR の活用によるリアルな学習体験の提供：ビジネススキルの中には、実際の業務やビジネスシーンを体験することが必要なものもあります。VR や AR を活用して、よりリアルな体験を提供するサービスが考えられます。

【以下省略】

　新しいビジネス機会になりそうな課題に対するアイデアをいくつも挙げてくれます。これらの機会が、事前に挙げたどの課題と対応しているのかを確認したければ「上記の機会は、どの課題に対するものですか？」などと聞くことで確認できます。

　このように質問することで、たくさんある課題から、ビジネス機会を効率的に把握できます。ただし、これらはあくまでも案なので、どれが自社にとって有効なのかは自分自身で判断し、選択しましょう。

 市場や顧客を分析する

　ここでは、ビジネススキルのオンライン教育の市場や顧客に対する機会を探求します。最終的なプロンプトでは、この領域にどんな顧客がいそうで、その顧客はどんな課題があるかを掘り下げます。

　2つのフレームワークをプロンプトに取り入れてみましょう。

　ここで活用するのは「セグメンテーション」と「カスタマージャーニー」という2つのフレームワークです。「セグメンテーション」は市場（顧客群）を細分化する方法であり、「カスタマージャーニー」は特定の顧客（セグメント）が商品やサービスを利用する全体的な流れ（商品を知る→購入する→使う）を整理する方法です。このように顧客視点から分析することで、何が必要であるかや現在のサービスの改善点などが明確になります。

ビジネススキルのオンライン教育で、どんな顧客セグメントがいるかを知りたい。

ビジネススキルのオンライン教育の顧客セグメントは、様々な人々が含まれていますが、以下にいくつかの一般的なセグメントを挙げてみます。

1. 新しいビジネスを始めたいと考えている起業家やフリーランサー：ビジネススキルのオンライン教育は、自分のビジネスを始めるための必要なスキルや知識を学ぶために必要な場合があります。

2. 経営者や管理職の方々：組織内でのリーダーシップやマネジメントスキルを向上させたいと考える経営者や管理職の方々も、この教育に関心があるでしょう。

【以下省略】

　さまざまな顧客セグメントと、それぞれがビジネススキルを学ぶ理由や動機の可能性を挙げてくれます。セグメンテーションは無数の可能性があります。細かく分解していければ、最終的には特定の個人にたどり着きますが、それだとビジネス的にはパイが小さすぎるので、ある程度まとまった単位で考える必要があります。同じニーズ、同じ課題、同じ職業、同じ地域などを1つのかたまりとして見ていくのがセグメンテーションという考え方です。

　次はカスタマージャーニーを使ってみましょう。このフレームワークを使う際には「どんな顧客セグメントか」をちゃんと指定するのがポイントです。顧客全体を対象としてしまうと、曖昧な回答になってしまいます。

ビジネススキルのオンライン教育で【※顧客セグメントを入れる】のカスタマージャーニーを教えて。

リモートワークを行う人々のカスタマージャーニーを考える場合、一般的に以下のようなステップが含まれるでしょう。

1. 課題やニーズの特定：リモートワークを行う人々は、オフィスで働く場合と異なり、コミュニケーションやタスク管理、ワークライフバランスなど、新たな課題に直面することがあります。そのため、まずは自分自身の課題やニーズを特定することが重要です。

2. 検索と情報収集：次に、ビジネススキルのオンライン教育について調べ、自分自身の課題やニーズに合ったコースやプログラムを見つけるために、検索エンジンやソーシャルメディア、オンラインコミュニティなどを活用して情報収集を行います。

【以下省略】

　特定の顧客セグメントがどのようなニーズ、課題を持っているのか、それを解決するために何をしているのか、解決方法をどのように評価・比較するのかなど、体験の流れを教えてくれます。

　さらに具体的に確認するには「このカスタマージャーニーの具体例を知りたい」と追加で依頼します。すると次のような回答が返って来ます。

リモートワークを行う人々のビジネススキルのオンライン教育における具体的なカスタマージャーニーの一例を挙げます。

課題やニーズの特定：例えば、リモートワークを始めたばかりの人が、コミュニケーションの課題に直面しているとします。その場合、自分自身の課題やニーズを特定し、コミュニケーションスキルを向上させる必要性を感じます。

検索と情報収集：インターネット検索エンジンを使って、ビジネススキルのオンライン教育について調べます。例えば、「リモートワーク コミュニケーションスキル オンライン教育」といったキーワードで検索します。

【以下省略】

▶ 活用例2 **企画のアイデア出し**

　ここで紹介するアイデア出しは、事業の企画、マーケティングプラン、営業提案、業務の改善などさまざまな部署の業務に応用することができます。

　ここでは新規事業のアイデア出しを例に見ていきましょう。

プロンプト例1 　基本

User　ビジネススキルのオンライン教育市場での新しい事業アイデアを考えて。

ビジネススキルのオンライン教育市場での新しい事業アイデアとしては、以下のようなものが考えられます。

1. プロジェクトベースのコース：学生たちは実際のビジネスプロジェクトを手がけ、ビジネススキルを実践的に学ぶことができるようなコースを提供します。企業とのコラボレーションを図り、学生たち

が本当のビジネス現場で必要なスキルを身につけられるようにすることができます。

2. カスタムトレーニング：学生たちに必要なスキルに合わせて、カスタマイズされたトレーニングプログラムを提供します。学生たちは自分自身のスキルレベルに合わせたスキルを身につけることができ、より効率的に学習することができます。

3. コミュニティベースの教育：学生たちはオンラインコミュニティで学び合い、ビジネススキルを向上させることができます。このようなコミュニティでは、ビジネスの専門家やアドバイザーが学生たちの質問に答え、コーチングやメンタリングを提供することができます。

【以下省略】

　いろいろなアイデアを出してくれます。「他には」を繰り返すことで、膨大な数のアイデアを引き出せます。自分がピンと来るアイデアが出るまで、遠慮せずに聞きまくりましょう。AIは嫌がりません。「無限のアイデア出し」こそ、ChatGPTの最大の価値の1つです。

　このプロンプトを別の言葉に置き換えることで、さまざまな業務に応用可能です。たとえば「パーソナルブランディングコース」から新しいアイデアを派生させてみます。

パーソナルブランディングコースに近い他のアイデアが知りたい。

もう少し関連するビジネススキルのオンライン教育市場での新しい事業アイデアをいくつか挙げてみます。

31. プレゼンテーションスキルトレーニング：ビジネスで必要とされるプレゼンテーションスキルに特化したトレーニングプログラムを提供します。学生たちは、プレゼンテーションの構成やデザイン、コミュ

ニケーションスキルなどを身につけることができます。

【以下省略】

　このように「パーソナルブランディングコース」を起点としたさまざまな新規のアイデアを出してくれます。

プロンプト例2　顧客や市場課題を追加

　「プロンプト例1」は漠然とした質問でしたが、実際の仕事では「ターゲット顧客」「市場の課題・機会」など、さまざまな前提条件があります。これらの前提条件を追加したプロンプトを作ってみます。「#」で質問のテーマ、「##」で条件を設定するマークダウン記法で依頼します。

　実際に「ターゲット顧客」「市場の課題・機会」に項目を記入したうえで依頼してみます。

 # 新たなビジネスアイデアの創出

以下の 「ターゲット顧客」「市場の課題・機会」 を踏まえ、ビジネススキルのオンライン教育市場での新しい事業アイデアを5つ考えて。

ターゲット顧客
・リモートワークで働いている人

これまでの回答内容から抽出して貼り付ける

市場の課題・機会
・コンテンツの多様性：コンテンツの多様性が不足しているため、学習者にとって必要なスキルを網羅的に学ぶことができない
・独学の困難：学習者にとって独学が困難である
・モチベーションの低下：オンライン教育において、学習者が継続的に学び続けるためには、モチベーションを維持することが必要
・評価の信頼性：評価の信頼性が不足している場合、学習者が受けたトレーニングの価値が不明確になることがあります。

1.AI による個人最適化学習プラットフォーム

　学習者の学習状況に合わせて、AI が自動的に最適なカリキュラムを提供するオンラインプラットフォーム。学習者は独学ではなく、AI の助けを借りながら学ぶことができ、自己流で学ぶ場合よりも効率的に学習できます。

2. ライブ学習セッション

　オンライン学習は、独学が困難であるという課題がありますが、定期的なライブ学習セッションを提供することで、学習者がより効果的に学習できるようにします。また、教育者との相互作用が可能であり、学習者のモチベーションを高めることができます。

3. クリエイターによる学習コンテンツプラットフォーム

　複数のクリエイターがオンラインプラットフォーム上で、多様な学習コンテンツを提供することで、学習者は必要なスキルを網羅的に学ぶことができます。また、学習者がコンテンツを選ぶ際には、評価システムを導入して信頼性を確保します。

【以下省略】

回答内容がテーマに即した具体的なものになりました。

プロンプト例3　　フレームワーク活用（SCAMPER法）

　次は、より多角的なアイデアを得るためにフレームワークを指定してみます。先ほどのプロンプト例に「SCAMPER 法で」と追加します。SCAMPER 法とは、新たなアイデアを出すための次の 7 つの視点です。

① Substitute（代用する）
② Combine（組み合わせる）
③ Adapt（応用する）
④ Modify（修正する）
⑤ Put to other uses（転用する）
⑥ Eliminate（削ぎ落とす）
⑦ Reverse,Rearrange（再構成する）

User

新たなビジネスアイデアの創出

以下の「ターゲット顧客」「市場の課題・機会」（※）を踏まえ、ビジネススキルのオンライン教育市場での新しい事業アイデアを SCAMPER 法で考えて。

ターゲット顧客
・～
【※〈活用例1〉（115 ～ 124 ページ）で考えたターゲット顧客を入れる】

市場の課題・機会
・～
・～
【※〈活用例1〉で抽出した課題・機会を入れる】

Chat GPT

SCAMPER 法を用いて、新しいビジネスアイデアを考えてみます。

S（Substitute - 代替）：
オンライン教育において、学習者のモチベーション維持が重要であることから、定期的なフィードバックを提供する仕組みを導入することができます。たとえば、学習者が達成した目標や課題に対して、オンラインコーチがフィードバックやアドバイスを提供することができます。

C（Combine - 結合）：
独学が困難な学習者に対して、オンラインコミュニティを作成することができます。学習者同士が互いに質問や意見を交換することができ、学習の進捗状況を共有することで、モチベーションを高めることができます。

【中略】

R（Reverse - 逆転）：
オンライン教育において、評価の信頼性が不足しているという課題
を逆転させることができます。評価の信頼性を高めるために、学習
者が受けたトレーニングの価値を証明するシステムを導入すること
ができます。たとえば、学習者が取得したスキルや知識を実践的に活
用することができるプロジェクトを提供し、学習者がプロジェクトを
完了することで、そのスキルや知識を証明することができるようにす
ることができます。

以上のように、SCAMPER 法を活用することで、オンライン教育市場
における新しいビジネスアイデアを考えることができます。リモー
トワークで働いている人に対して、より効果的なオンライン教育を
提供することで、ビジネススキルの向上を促進することができます。

このように 7 つの視点からアイデアを考えてくれます。

次は「オズボーンのチェックリスト」というフレームワークを試してみま
す。これは、新たなアイデアを出すための次の 9 つの視点です。先ほどの
SCAMPER 法のもとになったフレームワークなので、項目は似ています。

① Put to other uses（転用する）
② Adapt（適応させる）
③ Modify（修正する）
④ Magnify（拡大する）
⑤ Minify（縮小する）
⑥ Substitute（置き換える）
⑦ Rearrange（再構成する）
⑧ Reverse（逆転する）
⑨ Combine（組み合わせる）

User

新たなビジネスアイデアの創出

以下の「ターゲット顧客」「市場の課題・機会」（※）を踏まえ、ビジネススキルのオンライン教育市場での新しい事業アイデアをオズボーンのチェックリストで考えて。

ターゲット顧客
・〜
【※〈活用例1〉(115〜124ページ)で考えたターゲット顧客を入れる】

市場の課題・機会（※）
・〜
・〜
【※〈活用例1〉 で抽出した課題・機会を入れる】

オズボーンのチェックリストを用いて、新しいビジネスアイデアを考えてみます。

1.Task unification（タスク合成）：オンライン教育コンテンツに、オンラインコーチとの1対1の面談時間を追加することで、学習者により個別化されたサポートを提供する。このアイデアは、独学が困難な学習者にとって役立つ可能性がある。

2.Attribute dependency change（属性依存の変更）：オンライン教育コンテンツに、学習者の進捗状況に応じて、コースの難易度を自動的に調整する機能を追加する。このアイデアは、学習者のモチベーションを維持するのに役立つ可能性がある。

【以下省略】

　このように新しいアイデアを出してくれます。アイデア出しのフレームワークはほかにもいろいろあるので試してみてください。

プロンプト例4　ネーミング案の作成

　さてビジネスアイデアができたら、次にネーミングを考えます。先ほど出たいくつかのアイデアを含めたうえでネーミングを依頼します。

 # 新たなビジネスアイデアのネーミング

以下の「ビジネスアイデア」について、「ターゲット顧客」も踏まえ、ネーミング案を10個作って。

 # ビジネスアイデア（※）
・～～～
【※「プロンプト例1〜3」（124〜130ページ）で出したアイデアなどを入れる】

 # ターゲット顧客（※）
・～
【※〈活用例1〉で得たターゲット顧客を入れる】

1.SkillMate AI
2.LearnBoost
3.SkillMatchPro
4.AI PathFinder
5.StudyHub

【以下省略】

　これもピンと来るものが出て来るまで、「他には」と聞きつづけることができます。

プランの作成
(事業プラン、タスクリスト、収支プランなど)

　ChatGPT は、事業プランやタスクリストの洗い出しから収支プランまで考えてくれます。回答内容は粗く、数値に間違いもありますが、最初の叩き台としては役立ちます。

　先ほどの〈活用例2〉（124 ページ）で出た新しいビジネスのアイデアに対して、事業プラン、タスクリスト、収支プランなどを考えてみます。

　まず事業プランを考えてもらいましょう。

プロンプト例1-1　　基本（事業プラン）

 User　以下のビジネスアイデアについての事業プランを考えて。

ビジネスアイデア（※）
・AI による学習スキルマッチングサービス&学習プラットフォーム

ビジネスアイデアの詳細
・学習者のスキルセットやキャリアパスを分析し、AI が最適なカリキュラムやコンテンツを提供することで、コンテンツの多様性が不足している問題を解決します。また、学習者が独学で学ぶことが困難な場合には、AI が効果的な学習方法を提供します。
・オンライン学習において、学習者のモチベーションが低下する課題を解決するため、学習者同士がコミュニケーションをとりながら学習できるプラットフォームを提供します。また、教育者が学習者と直接やりとりできる場を作ることで、学習者のモチベーションを維持することができます。

【※〈活用例2〉（124 ～ 130 ページ）で考えたビジネスアイデアなどを入れる】

ビジネスアイデアについて、以下は事業プランの概要です。

ビジネスモデル
・サブスクリプションベースのビジネスモデルを採用し、学習者から
　の月額料金で収益を得る。
・コンテンツ提供者から収益を得ることも検討する。

マーケット
・学習者、教育者、企業のトレーニング部門をターゲットにする。
・主に英語圏やアジア地域を中心に展開する。

サービスの特徴
・AI が最適なカリキュラムやコンテンツを提供し、学習者が最短時
　間でスキルを習得できるようサポートする。

【以下省略】

　このように、マーケティング、開発、リスク管理、運営、投資、未来の展望などを含めて、ChatGPT は広範な思考を提供してくれます。その概観を見ながら、さらに詳細を知りたいと感じる部分や深く掘り下げたい情報に対して、具体的な質問をしていくとよいでしょう。

プロンプト例1-2　詳細項目を指定

　また、より細かい条件を設定した質問をすることも可能です。事業プランの詳細な項目を指定したプロンプトは次の通りです。

 # 事業プランの立案
以下の「ビジネスアイデア」について、「事業プラン項目」にそって
プランを作って。

ビジネスアイデア
・AI による学習スキルマッチングサービス&学習プラットフォーム

ビジネスアイデアの詳細

・学習者のスキルセットやキャリアパスを分析し、AIが最適なカリキュラムやコンテンツを提供することで、コンテンツの多様性が不足している問題を解決します。また、学習者が独学で学ぶことが困難な場合には、AIが効果的な学習方法を提供します。

・オンライン学習において、学習者のモチベーションが低下する課題を解決するため、学習者同士がコミュニケーションをとりながら学習できるプラットフォームを提供します。また、教育者が学習者と直接やりとりできる場を作ることで、学習者のモチベーションを維持することができます。

事業プラン項目

1. 企業概要
 - 企業のビジョン・ミッション
 - 事業の概要
 - 競合環境
 - 顧客層・ターゲット市場

「プロンプト例1-1」と
同じビジネスアイデア

2. 製品・サービス
 - 製品・サービスの概要
 - 特徴・優位性
 - 販売価格
 - 販売方法

3. マーケティング戦略
 - 製品・サービスのプロモーション方法
 - 市場調査結果
 - マーケティング・ミックス（4P：製品・価格・プロモーション・場所）
 戦略

4. 組織・人材
 - 経営陣・役員の紹介
 - 従業員の数と構成
 - 組織の構造・体制
 - 人材採用・育成・維持の方法

5. 資金調達
 - 資金調達計画・目標
 - 資金調達方法（株式・債券・融資など）
 - 資金使途

6. 財務予測
 - 収益見積もり
 - 費用見積もり
 - 利益見積もり
 - キャッシュフロー見積もり

7. リスクマネジメント
 - リスクの特定・評価
 - リスク対策・管理方法

8. オペレーション
 - 製品・サービスの開発・製造・提供方法
 - 物流・サプライチェーンの管理
 - 品質管理

9. 技術・知財
 - 技術的な特長や専門知識の紹介
 - 特許・商標・著作権などの知的財産の管理

10. 法務
 - 法律・規制順守のための対策
 - 契約管理
 - 知的財産権の保護

【事業プラン】

1. 企業概要
・企業のビジョン・ミッション
・ビジョン：AIを活用した学習者支援サービスを提供し、人々の学びの可能性を広げる。
・ミッション：AIによる学習スキルマッチングサービス&学習プラットフォームを通じて、誰もが学ぶ機会を得られる社会を実現する。
・事業の概要：AIによる学習スキルマッチングサービス&学習プラットフォームの提供
・競合環境：他のオンライン学習プラットフォーム、教育サービスプロバイダー
・顧客層・ターゲット市場：学習者、企業研修、学校、教育機関

2. 製品・サービス
・製品・サービスの概要：AIによる学習スキルマッチングサービス&学習プラットフォームの提供
・特徴・優位性：学習者のスキルセットやキャリアパスを分析し、最適なカリキュラムやコンテンツを提供することで、学習者のニーズに合った学びを実現する。また、学習者同士がコミュニケーションをとりながら学習できるプラットフォームを提供し、学習モチベーションを高めることができる。
・販売価格：月額利用料、一定期間の利用権、コンテンツごとの販売
・販売方法：オンライン販売、営業活動、提携

【以下省略】

1つ1つの項目についての回答が浅めですが、ここまで作ってもらえると、あとの作業がずいぶんラクになりますよね。

（ プロンプト例2 ） タスクリストの洗い出し

次は、事業プランを実現するために具体的に何をやるのか、タスクリストを作ってもらいます。事業プランに限らず、さまざまな業務におけるタスクリストを作ることができます。

User 以下のビジネスアイデアを実現するためのタスクリストを作って。

ビジネスアイデア（※）
・〜〜〜

【※〈活用例 2〉（124 〜 130 ページ）で考えたビジネスアイデアなどを入れる】

Chat GPT 1. ビジネスプランの作成
・目的・ビジョン・ミッションの明確化
・ターゲットユーザーの定義
・競合調査と差別化戦略の策定
・収益モデルの考案
・マーケティング戦略の立案
2. AI アルゴリズムの開発
・学習者のスキルセットやキャリアパスを分析するためのデータ収集
・AI モデルの構築
・AI モデルの精度向上のためのデータのチューニング
・AI モデルの実装

【以下省略】

　この例は事業プランのタスクリストなので、やや抽象的な内容になっていますが、イベントなどであれば、もっと具体的な TODO リストを作成してくれます。また、期間が決まっているのであれば、スケジュールを作ってもらえます。

　初めて取り組む仕事で、どんな業務があるかわからないときは、このように ChatGPT に聞いてから段取りを考えるとスムーズです。もちろん、間違っていたり抜け漏れがあるかもしれないので「参考にはするが、すべてを鵜呑みにはしない」ようにしましょう。

（　プロンプト例3　）　フレームワーク活用

　次はビジネスモデルのフレームワーク「リーンキャンバス」を使ってみます。これは、ビジネスを次の9つの要素に分けて分析するフレームワークです。

①顧客セグメント
②価値提案
③チャネル
④カスタマーリレーションシップ
⑤収益の流れ
⑥キーアクティビティ
⑦キーパートナー
⑧キーリソース
⑨コスト構造

　このフレームワークを使うことで、事業プランに必要なことを網羅的に整理することができます。

 User 以下のビジネスアイデアについての事業プランをリーンキャンバスで考えて。

\# ビジネスアイデア（※）
・AIによる学習スキルマッチングサービス&学習プラットフォーム

\## ビジネスアイデアの詳細
・学習者のスキルセットやキャリアパスを分析し、AIが最適なカリキュラムやコンテンツを提供することで、コンテンツの多様性が不足している問題を解決します。また、学習者が独学で学ぶことが困難な場合には、AIが効果的な学習方法を提供します。

【以下省略】
【※〈活用例2〉（124〜130ページ）で考えたビジネスアイデアなどを入れる】

 ChatGPT リーンキャンバス

顧客セグメント
・学習者
・教育者

・教育機関

価値提案
・AI による最適なカリキュラムやコンテンツの提供
効果的な学習方法の提供
・学習者同士がコミュニケーションをとりながら学習できるプラット
フォームの提供

【以下省略】

プロンプト例4　マネタイズ方法の検討

　続いて収支計画を考えます。お金儲けの方法（マネタイズ）や収益プラン
などを考えてもらえます。まずマネタイズの方法を聞いてみます。

 User　以下のビジネスアイデアのマネタイズの方法を考えて。

ビジネスアイデア（※）
・AI による学習スキルマッチングサービス&学習プラットフォーム

ビジネスアイデアの詳細
・学習者のスキルセットやキャリアパスを分析し、AI が最適なカリキュ
　ラムやコンテンツを提供することで、コンテンツの多様性が不足し
　ている問題を解決します。また、学習者が独学で学ぶことが困難
　な場合には、AI が効果的な学習方法を提供します。

【以下省略】
【※〈活用例2〉で考えたビジネスアイデアなどを入れる】

 Chat GPT　ビジネスアイデアをマネタイズする方法については以下のような提案
があります。

1. 有料会員制度を設ける

学習者が利用する際に、有料会員制度を設けることで収益を得ることができます。有料会員になることで、より多くのカリキュラムやコンテンツが提供され、プラットフォーム内でのコミュニケーション機能や教育者とのやり取りが可能になるなど、特典を提供することができます。

2. コンテンツ提供のみで収益化する
学習者がカリキュラムやコンテンツを利用する際に、一部のコンテンツについては有料で提供することで収益を得ることができます。また、教育機関や企業と提携して、独自のコンテンツを提供することもできます。

【以下省略】

このようにアイデアを出してもらうことで、収益プランや収支計画のヒントにすることができます。

プロンプト例5　収支計画の策定

続いて目標数値を設定した収支プランを考えてもらいます。

 User
\# 収支計画の策定
以下の「ビジネスアイデア」の収支計画を考えたい。
「目標数値」を踏まえて収支プランを考えて。

\#\# ビジネスアイデア（※）
・～～～
【※〈活用例2〉で考えたビジネスアイデアなど】

\#\# 目標数値
・〇年後の売上：〇円
・〇年後の営業利益：〇円

収支計画の策定にあたっては、ビジネスアイデアの詳細を考慮し、以下のような仮定を設定して計画を立てることが重要です。

収入
・学習プラットフォームの会員費：月額 5000 円（初年度は 2000 円でキャンペーン実施）

・学習コンテンツの販売：1 回あたり 5000 円（初年度は 2000 円でキャンペーン実施）
・教育機関からの収入：年間 200 万円（初年度は 0 円）

費用
・人件費：年間 5000 万円
・開発費：年間 2000 万円
・広告費：年間 3000 万円
・サーバー費用：年間 1000 万円
・オフィス費用：年間 1000 万円
・その他費用：年間 2000 万円
以上を踏まえて、収支計画を立ててみましょう。

###1 年目
・会員数：1000 人
・月間平均購入回数：1 回
・平均購入金額：5000 円
・年間売上：1,200 万円（会員費：960 万円、学習コンテンツ販売：240 万円）
・営業利益：-1,500 万円（費用合計：3,000 万円）

【以下省略】

このように各年度の計画を出してくれます。ただ、数字の羅列で見づらいので表形式にしてもらいましょう。「表形式で教えて」と追加の依頼をします。

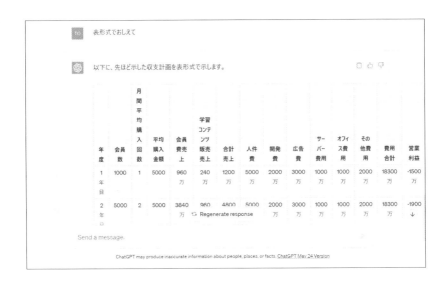

TO　表形式でおしえて

以下に、先ほど示した収支計画を表形式で示します。

年度	会員数	月間平均購入回数	平均購入金額	会員費売上	学習コンテンツ販売売上	合計売上	人件費	開発費	広告費	サーバー費用	オフィス費用	その他費用	費用合計	営業利益
1年目	1000	1	5000	960万	240万	1200万	5000万	2000万	3000万	1000万	1000万	2000万	18300万	-1500万
2年目	5000	2	5000	3840万	960	4800万	5000万	2000万	3000万	1000万	1000万	2000万	18300万	-1900万

Regenerate response

Send a message.

ChatGPT may produce inaccurate information about people, places, or facts. ChatGPT May 24 Version

　表形式にするとだいぶ見やすくなります。これを Excel に貼り付けて使うこともできます。ただし、**数値や計算の間違いがよくあるので、注意しましょう**。特に GPT3.5 はミスが多いです。あくまで項目や考え方の参考として使い、細かい数値は自分で検証する必要があります。

第5章

ITツール活用

ChatGPTにITツール活用をサポートしてもらう

「デジタル」「DX」という言葉が、多くの企業で盛んに使われています。このような動きの下、さまざまなITツールが導入され、活用する必要が高まっています。仕事によっては「自分でExcelマクロを組む」「RPA（Robotic Process Automation）ツールでルーティン業務を自動化する」といったケースもあります。

ChatGPTは、ITツール活用にも使えます。ITツールの使い方を教えてくれたり、マクロやプログラミングの案を作ってくれたり、添削してくれたりします。エンジニアやプログラマーもChatGPTなどの生成AIを活用するシーンが増えています。

ITツール活用のよくある課題

まずビジネスの現場におけるITツール活用のよくある課題を挙げてみます。

・ツールを使える人がいない
・ツールの使い方を教える人もいない
・予算が少なく外部の専門家は使いづらい
・ツールが活用できず生産性が低い

生産性向上のために新たなITツールを導入したいと考えているが、「使いこなせる人材がいない」という問題があります。さらに、教えてくれる人もいない。かといって外部の講師を招いたり、教材を購入したりする予算もない。その結果、「ツールを持っていても活用できず、生産性を向上できない」といったことがあります。

このような状況では自社の生産性は当然上がりません。もし競合他社が新

たなツールを利用して生産性を高めはじめたら、先を越されてしまいます。小規模な組織や予算が限られている組織には深刻な問題です。

▶ ITツール活用のプロセス

これらの課題に対する ChatGPT の活用を考える前に、まず IT ツールを使いこなせるようになるまでのプロセスを整理してみます。

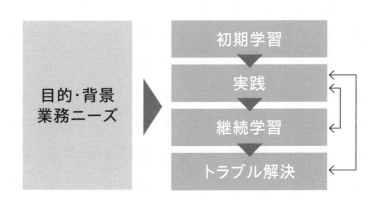

まず最初に行なうのが初期学習です。基本的な操作方法や必要な用語を習得します。次に、習得した知識を仕事に活かすために、実際にツールを使ってみます。ツールを使用しながら、理解できない部分や新たな機能に出合ったら、それを調べて学習します。また、エラーが発生したり、予期せぬトラブルに直面したら、解決方法を調べます。このような一連の流れを経て、ツールの使い方に段階的に慣れていくのが一般的なプロセスです。

実践・学習・問題解決は、サイクルになっています。ツールを使うことで新たな知識を深め、新しい活用方法を試し、新たなトラブルに遭遇し、それを解消するためにまた学習する。これは、あらゆるツールの導入に共通するプロセスです。

▶ ITツール活用におけるChatGPTの価値

IT ツール活用において、ChatGPT を使うことにどのような価値（メリット）があるのかを整理します。

活用のプロセス	ChatGPTの価値
初期学習	**使い方・概念をさまざまな表現で説明してくれる**
実践	**実例を作成・提案してくれる**（数式や関数、ソースコードなど）
継続学習	（初期学習と同様）
トラブル解決	**エラーの理由をさまざまな表現で教えてくれる**アウトプットを添削してくれる

「初期学習」においては、ChatGPT は基本的な操作や概念を説明してくれます。しかし、最初から ChatGPT を利用して学びはじめるのはあまりおすすめしません。なぜなら、ChatGPT は質問に対しては答えてくれますが、習得したいツールがどのようなものであるかを体系的に説明してくれるわけではないからです。「そもそも何がわからないかがわからない」段階では、使いこなすのは難しいわけです。

したがって、**最初は書籍やオンラインチュートリアル、教育用動画などを活用して、全体像を体系的に学ぶことをおすすめします。**

習得の過程で、問題やエラーにぶつかります。このような「つまずいたとき」の心強いパートナーが ChatGPT です。理解できない部分や疑問点があれば、その都度 ChatGPT に質問します。さまざまな具体例や説明方法を用いて解

説してもらえ、理解するまで何度でも繰り返し質問することができます。これにより、学習スピードが上がり、習熟度も向上します。

　もちろん、「実践」においても、ChatGPT はとても役立ちます。書籍、ネット記事や動画などの解説で紹介される事例が「自分の仕事とは関係がない」「自分のやりたいこととちょっと違う」ことはよくありますよね。

　そんなときに ChatGPT を使うことで自分のニーズにフィットした答えを得られます。たとえば、「Excel でこういうことをしたいので、そのための数式や関数を作りたい、マクロを組みたい」といった要望に対して、実際に使える例を作成してくれます。

　私自身、多少はプログラミングを勉強したのですが、本職のエンジニアではないので、ゼロからコードを作ろうとすると苦労します。スプレッドシートでちょっとした変換作業を自動化したい場合も、ゼロから考えるのはおっくうです。しかし ChatGPT を使うと、日本語でやりたいことを伝えるだけでコード案を作ってくれ、少しカスタマイズしたり修正したりすると実際に使えるので、とても重宝しています。

　さらに、ツールの利用やマクロ・プログラムの作成過程でさまざまなエラーに直面することがあります。そういったときに ChatGPT に解決策を尋ねると、エラーの原因と対策をわかりやすく説明してくれます。もちろん、検索エンジンで情報を探すこともできますが、同じエラーに対する具体的な解決策を見つけるのは大変です。

　ChatGPT では、一般的なエラー原因を教えてくれるだけでなく、自分の行なった操作や書いたコードを提示すると、それに対して添削・エラーチェックを行なってくれます。すぐそばにいる先生にリアルタイムで質問できるような感覚です。自分の書いたコードをプロンプトに入力することで、誤りを指摘してくれます。これは書籍やほかの学習手段ではできないことです。

▶ ChatGPTができないこと

次は、ChatGPT の「できないこと（制限・限界）」を、先ほど説明した価値（メリット）と対比させながら見てみましょう。

ChatGPTの価値	ChatGPTの限界・制限
使い方・概念をさまざまな表現で説明してくれる	体系的な説明ではない(書籍などとの併用がおすすめ) 情報が古い可能性がある 間違っていることもある
実例を作成・提案してくれる	複雑なもの(分量が多いもの)は対応困難 間違っていることもある 情報が古い可能性がある(新しいものには対応できないことがある)
エラーの理由をさまざまな表現で教えてくれる アウトプットを添削してくれる	

ChatGPT は「質問に対して回答する」という性質上、体系的に説明してもらうのは難しいです。また、情報が古かったり、間違えていることもあります。ChatGPT の訓練データに用いた情報が 2021 年までのものなので、それ以降の更新情報を反映できないためです。

また、ChatGPT は質問・出力の文字数に限界があり、長すぎるコードへの対応が難しいこともあります。最新の情報が必要な場合や、長いコードや複雑な問題に対する回答が必要な場合には、マイクロソフトの Bing の AI チャットや Google の Bard など、最新情報を反映できる AI チャットを併用することをおすすめします。

皆さんにとって最も身近な IT ツールの１つである Excel を例に、ChatGPT の活用方法を紹介します。次の６つのことに ChatGPT を使ってみます。この解説は、Excel 以外の IT ツールにも応用できることが多いので、ぜひ習得し、いろいろな IT ツールで試してください。

　ここでは次の流れで ChatGPT を利用した IT ツール活用を解説します。

①用語や基本操作
②具体的な操作方法
③要望＋操作方法
④数式・関数の作成
⑤数式・関数の解説
⑥エラー原因の特定

 ①**用語や基本操作**

　ChatGPT は、さまざまな IT ツールの用語・基本操作の情報を持っています。「○○って何？」「○○の作り方を教えて」といった質問をしてみましょう。

プロンプト例1-1

 User　Excel のセルって何？

 Chat GPT　Excel のセルとは、Excel スプレッドシート上に表示される、四角形の単位のことです。通常、列を表す英字（A、B、C、...）と行を表す数字（1、2、3、...）の組み合わせで識別されます（例えば、A1、B2、C3、など）。各セルには、文字、数字、数式、およびグラフィッ

クスなど、さまざまな種類のデータを入力できます。また、セルには書式設定や数式、条件付き書式などを適用することができます。Excel のセルは、データベースや表計算ソフトウェアにおいて、基本的なデータ単位となっています。

　回答の文章がわかりづらかったら、「もっとわかりやすく教えて」とか「具体例で教えて」などと追加で依頼します。1つの説明方法だけでなく、さまざまな具体例や説明方法をリクエストでき、それによって理解を深めることができます。

プロンプト例1-2

User Excel で折れ線グラフの作り方を教えて。

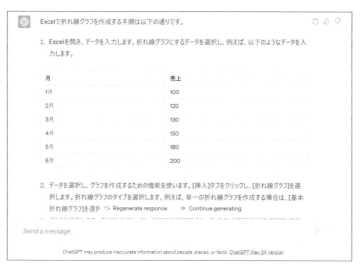

　このように手順を教えてくれます。この回答では具体例も挙げてくれていますが、もしなければ、「具体例を教えて」とリクエストすることで、具体例を挙げてもらえます。また、回答内に自分が知らない用語があれば、それ

について質問することもできます。回答で得られた方法ではうまくいかなかった場合や、教えてくれた手順が面倒だなと思ったときに、別の方法を尋ねることもできます。

② 具体的な操作方法

　先ほどは用語や基本操作の方法を質問しましたが、より具体的な操作を聞くこともできます。

　たとえば、「背景色の変え方」といった細かい操作方法を聞くこともできます。

プロンプト例2-1

 User Excel で折れ線グラフの背景色の変え方を教えて。

 Chat GPT Excel で折れ線グラフの背景色を変更するには、次の手順を実行します。

1. グラフをクリックして、グラフエリアを選択します。
2. [書式] タブをクリックします。
3. [グラフの背景] ボタンをクリックします。
4. [塗りつぶし] タブをクリックします。
5. [色] ボックスをクリックし、好みの色を選択します。
6. [OK] ボタンをクリックして、変更を適用します。

以上の手順に従って、Excel の折れ線グラフの背景色を変更できます。

　ChatGPT は特定の IT ツールに限定されたチャットではないので「グラフを見やすくする」といった、ツールそのものの操作には関係ないビジネススキル、デザインスキルに関する質問にもしっかり答えてくれます。

プロンプト例2-2

 User　Excel で折れ線グラフを見やすくする方法を教えて。

 Chat GPT　Excel で折れ線グラフを見やすくするためには、以下のような方法があります。

1. グラフの軸を調整する：軸の最小値と最大値を設定することで、グラフの範囲を調整し、データの変化を明確にすることができます。また、軸に目盛りを追加して、グラフの読み取りを容易にすることもできます。

2. グラフのラベルを追加する：データ系列や軸にわかりやすいラベルを追加することで、グラフの解釈が容易になります。

3. 色を使用する：データ系列や軸の色を変更することで、グラフの読み取りをしやすくすることができます。しかし、あまりにも派手な色や色の使いすぎは、逆に見やすさを損なう可能性があります。

4. グリッドラインを追加する：グリッドラインを追加することで、目盛りの位置が明確になり、グラフの読み取りが容易になります。

5. データの精度を考慮する：データの精度に合わせて、グラフの表示の単位や小数点以下の桁数を適切に設定することが重要です。また、異なるデータ系列を比較する場合には、同じ単位で表示することが望ましいです。

これらの方法を使用することで、Excel の折れ線グラフを見やすくすることができます。

③ 要望＋操作方法

先ほど紹介した「折れ線グラフの作り方」や「背景色の変更」は、あくまでも一般的な操作方法で、そのときの自分の状況に合ったものではありません。

ここからは、さらに質問内容を具体的にして、自分がやりたいことを実現するための質問をしていきます。

プロンプト例3

 Excel で、以下の方法を教えて。

・b 列が「完了」だった場合、その行すべての背景をグレーに
・b 列が「作業中」だった場合、その行すべての背景を黄色に

 以下の手順で実現できます。

1.B 列全体を選択します。

2. 条件付き書式の設定を開始するために、[ホーム] タブ > [スタイル] グループ > [条件付き書式] を選択します。

3.[新しいルール] を選択します。

4.[書式する条件を選択してください] のドロップダウンメニューから、[式を使って書式を設定する] を選択します。

5.[値] の欄に、以下の式を入力します。

=$B1=" 完了 "

【以下省略】

このように具体的な手順を教えてくれます。自分が使っているツールのバージョンによって機能名などが違ったり、回答が完璧ではないケースもあるので注意が必要です。その場合は追加で確認しましょう。

④ 数式・関数の作成

ここからはより実践的な内容になります。Excel では、数式や関数を用いることでさまざまな計算を自動で行なえます。ただ、数式や関数をその都度作成するのは大変ですし、関数はある程度勉強しないと使いこなせません。そんなときに ChatGPT に文章で自分のやりたいことを伝えると、それに合わせた数式や関数を作ってくれます。

プロンプト例4

 User Excel で、E 列に入力するための以下の数式・関数を作って。

・A 〜 C 列の数値を合計する
・ただし D 列に「未済」とある場合、数値は 0 にする

 Chat GPT 以下の数式／関数を E 列のセルに入力することで、A 列から C 列の数値を合計し、D 列が「未済」の場合は 0 にして合計値を計算できます。

=IF(D1=" 未済 ", 0, SUM(A1:C1))

この数式では、IF 関数を使用して、D 列が「未済」の場合は 0 を返し、それ以外の場合は A 列から C 列の合計を返します。SUM 関数は、A 列から C 列の値を合計するために使用されます。この数式を E 列のセルに入力することで、自動的に合計値が計算されます。セルの範囲を選択し、この数式を入力した後、Enter キーを押すことで、合計値が計算されます。

実際に関数を作ってくれたうえに、その内容を解説してくれます。ただし、時どき内容が誤っているので注意が必要です。その場合は自分で修正したり、改めて質問して別の方法を確認しましょう。まったく基礎知識がないと「何が間違っているのか」に気づけないので、最初に入門書やマニュアルをざっと見ておきましょう。

⑤ 数式・関数の解説

　Excel では、ほかの人が作った数式・関数を修正して、別の用途に使うことがよくあります。複雑な数式だと、関数の知識があっても、解読するのは面倒です。ChatGPT に解説してもらいましょう。

プロンプト例5-1

 Excel で以下の数式・関数をわかりやすく解説して。

=IF(C2="A", IF(D2=" 東京 ", E2, E2/2),0)

 この数式は、Excel の IF 関数を使用しています。IF 関数は、指定された条件が真である場合に１つの値を、偽である場合に別の値を返します。

この数式は次のように構成されています。

=IF(C2="A", IF(D2=" 東京 ", E2, E2/2),0)

これを読み解くと、次のようになります。

【以下省略】

　次は、この関数を「読みやすくして」もらいましょう。

User　Excel で以下の数式・関数を読みやすくして。

=IF(C2="A", IF(D2=" 東京 ", E2, E2/2),0)

 Chat GPT　以下は読みやすく整理した数式になります。

```less
=IF(C2="A",          // C2が"A"である場合、以下を実行する
    IF(D2="東京",     // D2が"東京"である場合、E2を返す
       E2,
       E2/2          // D2が"東京"でない場合、E2を2で割った値を
    ),
    0                // C2が"A"でない場合、0を返す
  )
```

この数式は、ExcelのIF関数を使用しています。IF関数は、条件が真の場合には1つの値を、偽の場合には別の値を返します。この数式では、2つの条件を組み合わせて、最終的に1つの値を返しています。

関数の構造をコメント付きで解説してくれます。

 ⑥ エラー原因の特定

数式・関数を作るとエラーが出ることはよくありますよね。こんなときに使えるのがエラーの原因を特定する次のプロンプトです。

 User　Excel で「#NAME?」というエラーが出る。

「#NAME?」エラーは、Excel が指定された関数や式を認識できない場合に表示されるエラーです。このエラーが表示される原因としては、以下のようなものが考えられます。
1. 関数名や式にタイプミスがある場合。
2. 関数名や式が正しくない場合。
3. 使用している関数がインストールされていない場合。
4. 式内のセル参照が誤っている場合。

対処方法としては、以下のようなことが考えられます。

【以下省略】

プロンプト例6-2

Excel で以下の数式で「#NAME?」というエラーが出る。理由を教えて。

=IF(C3=A, IF(D3=" 東京 ", E3, E3/2),0)

数式に問題があるわけではなく、エラーの原因は使用されている引数 "A" というテキストが式内で参照されているためです。Excel では、関数の引数としてテキストを使用する場合、引用符で囲む必要があります。この場合、引数 "A" は引用符で囲まれていないため、Excel は "A" を認識できず、「#NAME?」エラーを表示しています。

したがって、数式を以下のように修正する必要があります。

=IF(C3="A", IF(D3=" 東京 ", E3, E3/2),0)

修正後の数式では、引数 "A" が引用符で囲まれており、正しく認識されるため、エラーは発生しません。

「プロンプト例 6-1」のような聞き方だと検索エンジンを使うのと同じくら

いのレベルの回答しか返って来ません。これを「プロンプト例6-2」のように数式と一緒に質問すると、エラー原因と正しい数式を教えてくれます。また、具体的な修正箇所を確認したければ、「修正箇所を具体的に教えて」と質問することもできます。

活用例2 **Excelマクロを作る**

　ここからはさらに高度な内容を解説します。普段仕事でExcelを使っていても、マクロはハードルが高くてあきらめた、挑戦したが挫折したという方は多いのではないでしょうか。ChatGPTを利用すると、マクロの利用が格段に手軽になります。ここで紹介するプロンプトは、Excelのマクロに限らず、プログラミングなどにも応用できます。

　次の順番で解説します。

①マクロの作成
②マクロの解説
③マクロのエラー原因特定
④ユーザ定義関数の作成
⑤ChatGPTではなくBingやネット検索を使うほうがよいケース

①マクロの作成

マクロを作成する際のプロンプトは非常にシンプルです。

（ プロンプト例1 　マクロの作成 ）

　Excelで次ページの画像のように、4列にそれぞれ異なる組み合わせを自動的に生成するマクロを作りたいとします。

	A	B	C	D
1	地域	築年数	物件タイプ	広さ
2	地域A	築年数レンジA	物件タイプA	広さレンジA
3	地域A	築年数レンジA	物件タイプA	広さレンジB
4	地域A	築年数レンジA	物件タイプA	広さレンジC
5	地域A	築年数レンジA	物件タイプA	広さレンジD
6	地域A	築年数レンジA	物件タイプB	広さレンジA
7	地域A	築年数レンジA	物件タイプB	広さレンジB
8	地域A	築年数レンジA	物件タイプB	広さレンジC
9	地域A	築年数レンジA	物件タイプB	広さレンジD
10	地域A	築年数レンジA	物件タイプC	広さレンジA
11	地域A	築年数レンジA	物件タイプC	広さレンジB
12	地域A	築年数レンジA	物件タイプC	広さレンジC
13	地域A	築年数レンジA	物件タイプC	広さレンジD
14	地域A	築年数レンジA	物件タイプD	広さレンジA

「実現したいこと」を端的に日本語で表現するのはそれなりに慣れが必要です。複雑な文章にせず、箇条書きで書くのがコツです。

 User　Excel で以下のようなマクロを作りたい。

・以下の 4 つの列を作る
　−①地域
　−②築年数
　−③物件タイプ
　−④広さ

・各列ごとに以下の項目がある
　−①地域
　　−地域 A
　　−地域 B
　　−地域 C

【中略】

・各列ごとの全ての組み合わせを 1 行ずつ入力する

以下は、指定された4つの列を作成し、各列に指定された項目を入力するマクロの例です。ご参考になさってください。

```mathematica
Sub CreateCombination()

    ' 変数を定義する
    Dim region As Variant
    Dim age As Variant
    Dim property_type As Variant
    Dim size As Variant

    ' 列を作成する
    Range("A1").Value = "地域"
    Range("B1").Value = "築年数"
```

マクロが作成されました。

このように要望を文章で伝えるだけで、マクロ（ソースコード）を作成できます。

② マクロの解説

ほかの人が作成したマクロの内容が理解できないとき、ChatGPT に解説してもらえます。先ほどの数式・関数の場合と同じ要領です。

プロンプト例2

 User 以下のマクロをわかりやすく解説して。

【※マクロのコードを貼り付ける】

このマクロは、Excel の VBA を使用して、地域、築年数、物件タイプ、広さの 4 つの項目を持つ表を作成し、それらの項目の組み合わせを列挙するものです。

具体的には、以下の手順に従って処理が実行されます。

変数を定義する

region：地域の項目を格納する配列
age：築年数の項目を格納する配列
property_type：物件タイプの項目を格納する配列
size：広さの項目を格納する配列
列を作成する

A 列に「地域」を、B 列に「築年数」を、C 列に「物件タイプ」を、D 列に「広さ」を、それぞれ入力する。
各項目を入力する

配列に格納された地域、築年数、物件タイプ、広さの項目を、それぞれの列に順番に入力する。

【以下省略】

　詳しく解説してくれます。マクロ全体を質問するだけでなく、特定の箇所を抽出し、質問することもできます。注意点は、長すぎるコードは読み込めないので分割などの加工が必要になることです。また、パスワードや個人情報を入力しないようにしましょう。

③ マクロのエラー原因特定

　次はエラーが起こった場合の原因特定です。サンプルのマクロで見てみましょう。

User 以下のマクロを使うと「【※エラー文言を入れる】」と出る。原因と対策
を教えて。

【※マクロのコードを貼り付ける】

　こうすると原因を特定し、添削してくれます。修正部分も教えてもらえま
す。

 Chat
GPT 原因は、For ループの中で変数「i」を二回使用していることです。
最初の For ループで「i」を使用している後、次の For ループで同
じ変数「i」を使用しようとしたため、エラーが発生しました。

対策は、変数名を変更して衝突を回避することです。例えば、以下
のように変数名を変更することができます。

【以下省略】

　マクロやプログラミングの作成では、予期せぬエラーの発生は日常茶飯事
です。エラーを特定し、改善するのに多大な手間と時間がかかります。エラー
に「ハマる」ことで、貴重な時間が失われてしまったり、手が止まったりす
ることも珍しくありません。ChatGPT を使うことで、このような罠を回避
でき、生産性は大きくアップします。

 ④ユーザ定義関数の作成

　「ユーザ定義関数」とは、その Excel ファイルだけで使える自分独自の関
数です。マクロだと都度実行する必要がありますが、ユーザ定義関数であれ
ばセルに貼り付けるだけで使えます。これも要望を伝えることで簡単に作成

できます。

　今回は郵便番号のデータで、「3桁の数字、スペース、4桁の数字を半角にする」というユーザ定義関数を作ります。

 Excel で以下のようなユーザ定義関数を作りたい。

・郵便番号を「000-0000」の形式に直す

・入力するデータは以下のようなもの
- 0000000
- 000-0000
- 123－1234

・数値は半角にする

 以下の手順で Excel のユーザ定義関数を作成して、郵便番号を「000-0000」の形式に変換することができます。

Excel を開きます。

「開発」タブをクリックして、開発ツールを有効にします。

「Visual Basic」をクリックして、Visual Basic エディタを開きます。

「挿入」メニューから、「モジュール」をクリックして、新しいモジュールを作成します。

以下のコードを入力します。

```mathematica
Function FormatPostalCode(postalCode As String) As String
    postalCode = Replace(postalCode, "-", "") 'ハイフンを削除
    postalCode = Replace(postalCode, "－", "") '全角のダッシュを半角に変換して削
    If Len(postalCode) = 7 Then '郵便番号が7桁の場合は先頭に0を追加
        postalCode = "0" & postalCode
    End If
    FormatPostalCode = Left(postalCode, 3) & "-" & Right(postalCode, 4) '郵便
End Function
```

【以下省略】

　具体的なコードやどのように使うかを教えてくれます。きちんと動作しな
かったり、エラーが出たときは、作り直してもらいましょう。**ChatGPT
は依頼するたびに別のプログラミングパターンを生成するので、まったく
同じプロンプトを入力しても、正解が返って来ることもあれば間違いが返っ
て来ることもあります。**

　Excel マクロやプログラミングにおいて、ChatGPT が向いているケース、
向かないケースを整理しておきます。向いているのは次のケースです。

・仕様・要求が明確
・複雑すぎない（限定された機能など）
・最新情報が不要（アップデートの多い外部サービスを使わないなど）

　上記以外の場合は、ChatGPT ではなく Bing やネット検索を使うほうがよ
いでしょう。

第6章

営業＆
マーケティング

▶ ChatGPTを営業活動に活用する

　営業活動の業務は、多岐にわたります。たとえば、見込み顧客の開拓、商談の創出、顧客との交渉、提案書の作成、商品やサービスのプレゼンテーションなどです。この多種多様な業務を円滑に進めるために ChatGPT を活用しましょう。

▶ 営業活動のよくある課題

　私自身、複数の企業の経営者として新規営業・提案を今でもよく行なっており、営業活動にどっぷり従事しています。まず営業活動のよくある課題を挙げてみます。

・見込み顧客・商談が少ない
・顧客課題やニーズを把握できない
・適切な提案を作れない
・商談メモやデータ管理ができない

　皆さんも同様の課題を抱えていらっしゃると思います。

▶ 営業活動のプロセス

　上記の課題への ChatGPT 活用を考えるために、まず営業活動の一般的なプロセスを整理してみましょう（次ページ図）。

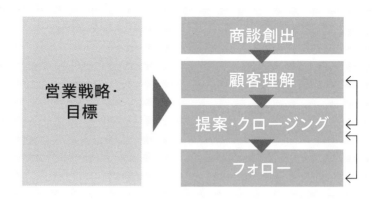

　営業戦略・目標が設定されている前提で、まずはこの目標を達成するために必要な商談の機会を創出します。この初期段階では、営業担当だけでなく、インサイドセールスチームやマーケティングチームと協力することも多いでしょう。

　商談機会を得たら、事前に顧客の課題やニーズについて仮説を考えたうえで、打ち合わせに臨みます。お客様の要望・課題をできるだけ掘り下げ、理解を深めます。そして、これらの課題に対する適切な解決策を提案し、最終的には成約へと導きます。

　成約に至ったら、そのあとのサポートが重要となります。また、たとえ成約できなくても、適切なフォローアップを行ない、次のチャンスを見逃さないように、お客様との関係を維持しつづけます。

　これらの顧客の理解、提案、フォローアップは一度きりの行為ではなく、適切なタイミングで繰り返し行なっていきます。

▶ 営業活動におけるChatGPTの価値

営業活動において ChatGPT をどのように活用できるのでしょうか。まず ChatGPT が営業活動にもたらしてくれる価値（メリット）を整理します。

営業活動のプロセス	ChatGPTの価値（直近）	ChatGPTの価値（将来）
商談創出	**電話・DMなどの文章案**を作成できる **見込み顧客の優先度**を設定できる	アプローチリストの作成 メール・電話等の自動化
顧客理解	**顧客のニーズ・課題**を把握できる **議事録作成を効率化**できる	特定企業の分析 商談中のリアルタイム支援 競合・類似企業の分析
提案・ クロージング	**提案内容**を作成できる **想定問答**を把握できる	プレゼン資料の作成
フォロー	**質問への対応案**を作成できる	CRMなどとの連携 タスクの提案 チャットボットなどでの対応

　商談創出においては、テレアポの原稿や DM 文章案を作成してくれます。これらの案を作るのはおっくうですが、ChatGPT を使うと効率的に作成できます。また、ChatGPT に顧客情報や比較観点を与えることで、顧客の優先度を考える際にも活用できます。

　顧客理解の際にも大いに重宝します。顧客ニーズや課題を把握するのは営業の最も重要な役割です。ChatGPT を使うことで、さまざまな業界・職種における課題やニーズを教えてくれます。また、議事録の作成も効率化できます。テキストデータを ChatGPT に入力すれば、整理された形で議事録を出力してくれます。

　提案フェーズも ChatGPT が得意な領域です。提案内容そのものを考えてくれたり、内容の文章案も作成してくれたりします。また、想定問答の把握

にも役立ちます。さらに、フォローにおいては、顧客からの質問対応をする際などに活用できます。将来的には、前ページの図に記載した通り、AIの活用範囲がより広がることが期待されます。

▶ ChatGPTができないこと

次は ChatGPT が「できないこと（限界・制限）」を整理します。
ChatGPT は非常に強力なツールですが、当然その能力には限界があります。どんな制限があるか、各営業シーンごとに説明します。

ChatGPTの価値（直近）		ChatGPTの限界・制限
電話・DMなどの文章案を作成できる 見込み顧客の優先度を設定できる	⬌	あくまで**一般論や過去の知見**。個別事情や相手の**嗜好性**を踏まえてはいない。**特定の企業の分析**もできない
顧客のニーズ・課題を把握できる **議事録作成を効率化**できる	⬌	
提案内容を作成できる 想定問答を把握できる	⬌	**あくまで一般的な整理**。議事録の元データは別途作成する必要がある。**誤字脱字**もあり
	⬌	あくまで**一般論&過去の知見**。個別事情を踏まえたり、完全に**新たな提案**が出るわけではない。**資料作成は自分**で行なう必要あり
質問への対応案を作成できる	⬌	**質疑応答の元データ整理**は必要

商談創出では、テレアポ・DM 文章作成などに使えますが、あくまで一般情報や過去の知見をもとにした案なので、完璧なものではありません。自社サービスやテイストに合わせたカスタマイズは当然必須です。優先度付けについても、答えというよりは「参考程度」に使うべきです。

顧客理解においても、サービスに合わせたさまざまな課題・ニーズ仮説を

提示してくれますが、あくまで一般的な情報です。また、個社ごとの情報はほとんど持っていないので、ざっくりしたものになります（※）。議事録についても、まだまだ誤字脱字や抜け漏れもあり、完璧なものではありません。

※なお Google の Bard だと、会社ごとの情報（Web サイトに掲載されている情報）を持っており、特定企業の強みや事業内容なども回答可能です。今後 ChatGPT も機能拡張により、今以上に個別の回答ができる可能性が高いです。

提案でも、さまざまな情報やアイデアを提供してくれますが、正解ではありません。資料も自分で作る必要があります。

フォローにおいては、質問への回答内容の作成をサポートしてくれますが、元となる回答データの整理はユーザー自身が準備する必要があります。

あまり過度な期待はせず、適切な期待値で活用していきましょう。

 活用例1 **顧客ニーズの理解**

営業で成果をあげるには「お客様がどんなニーズを持っているか、どんな課題がありそうか」という仮説を持つことは非常に重要です。ChatGPT を活用することでさまざまな仮説を得られます。これまで自分が知らなかった顧客や業界では特に有効です。さっそく活用例を見てみましょう。

プロンプト例1 ニーズ・懸念の仮説

 User 以下の「サービス」を営業するため、顧客のニーズや懸念事項を
箇条書きで教えて。

サービス
・ChatGPT の活用研修
・オンラインで動画で学習できる

・月 10 万円の 1 年間契約
・30 人まで使い放題

 顧客のニーズや懸念事項を以下にまとめました。

・ChatGPT の活用研修に興味があるが、具体的にどのような研修
　内容が含まれるのか知りたい。
・オンラインで動画で学習できるという点は魅力的だが、動画の長
　さや学習効果について不安を感じている。
・月 10 万円の 1 年間契約はコストが高く、どのようなメリットがある
　か確認したい。
・30 人まで使い放題という点は、利用人数が多い場合に有利だが、
　どのような場合に向いているのか知りたい。
・研修や学習のサポートが充実しているかどうか確認したい。また、
　不明点や問題が発生した場合にどのような対応をしてもらえるか
　知りたい。
・類似のサービスがある場合に、ChatGPT のサービスとの違いや特
　徴が知りたい。

　このような非常にシンプルな質問をするだけで、さまざまな観点を出して
くれます。「他には」を入力すると、ほかの観点も出してくれます。なるべ
くたくさん回答を引き出し、その中から自分にとって重要なもの、必要なも
のをピックアップします。
　また、すべての回答に目を通すのは大変だと思ったら「上記のニーズ・懸
念事項を整理して」などと入力し、いったん整理すると、ピックアップしや
すくなります。

　この例のように、営業活動に取りかかる前に、顧客のニーズや疑問点や不
安などを知り、事前に準備することで商談などがスムーズになり、成果をあ
げやすくなります。

次は、「このサービスはどんな顧客セグメントと相性がよいのか」「そのセグメントはどんな関心があるのか」を考えていきます。

 User

以下の「サービス」の営業候補として、どんな顧客セグメントがいるかを教えて。
各セグメントの関心事項も教えて。

サービス
【※「プロンプト例1」（170 ページ）と同じサービス内容を入れる】

 Chat GPT

ChatGPT の活用研修に関心があるのは、企業や組織の人事担当者、トレーニング担当者、人材開発担当者などです。これらの顧客セグメントは、従業員の能力向上やスキルアップ、効率的な業務遂行、業績向上などを目指しており、ChatGPT の活用研修に興味を持っています。

オンラインで動画で学習できるサービスに関心があるのは、学習意欲の高い個人や、遠隔地に住んでいる学生や社会人などです。これらの顧客セグメントは、自己啓発やスキルアップ、資格取得などを目指しており、オンラインで学習できるサービスに興味を持っています。

【以下省略】

この質問でも「他には」を繰り返すことで、たくさんの回答を引き出せます。

営業では、同じ商品を売っていても、お客様ごとに何を重点的に伝えるかを変える必要があります。ChatGPT に質問することで、可能性のあるセグメントとそれぞれの関心や不安を把握できます。

また、特定のセグメントについての理解を深めることも可能です。「〇〇について詳しく教えて」といったプロンプトを入力します。

「プロンプト例1・2」を合わせて、顧客セグメントを絞ったうえで、そのニーズや懸念事項を質問します。

 # 顧客ニーズや懸念事項の洗い出し
以下のような「サービス」を「顧客セグメント」に営業するため、ニーズや懸念事項を箇条書きで教えて。

サービス
・ChatGPT の活用研修
・オンラインで動画で学習できる
・月 10 万円の 1 年間契約
・30 人まで使い放題

> 「プロンプト例2」で得られた回答などを貼り付ける

顧客セグメント
コンサルティング会社やアドバイザー：ChatGPT を活用して、クライアント企業の業務改善や問題解決に取り組んでいる可能性があります。彼らは、ChatGPT を利用してビジネス上の課題や問題を解決するためのアイデアを提供したり、ビジネスプロセスの改善に役立てたりすることを目指しているかもしれません。

 ・ChatGPT の活用研修について

・ChatGPT の活用に関する技術的なトレーニングや、実際のビジネスシナリオでの ChatGPT の使用方法についての指導が必要である可能性がある。
・コンサルティング会社やアドバイザーは、ChatGPT の使用に関する実践的な知識やスキルを身につけることで、より効果的なビジネスアドバイスを提供できるようになることを求めているかもしれません。

・オンラインで動画で学習できることに関して
・コンサルティング会社やアドバイザーは、自分たちのビジネススケジュールに合わせてオンラインで学習できることを望んでいるかもしれません。
・彼らは、オフィスや自宅からアクセスできるオンライン学習プラットフォームを探しているかもしれません。

【以下省略】

　特定の顧客セグメントが持つニーズや懸念事項を挙げてくれます。「プロンプト例1」の回答よりも一段具体的になっています。これも自分が納得いくまで「他には」を繰り返し入力して回答を引き出します。

　十分に仮説を得られたら、「プロンプト例1」と同様に「上記のニーズ・懸念事項を整理して」と入力して回答を整理してもらうとよいでしょう。

プロンプト例4　ステークホルダーの洗い出し

　法人相手に営業する場合、先方の社内にさまざまな関係者がいます。

　事前に、どのような関係者がいて、それぞれがどのような関心や懸念を抱いていそうかの仮説を立てられると、それに合わせた営業戦略や資料を準備でき、営業の成功確率が上がります。

　そのためのプロンプトが次の通りです。

関係者と関係者の関心・懸念の洗い出し
以下のような「サービス」を「顧客セグメント」に営業するため、顧客内にどんな関係者がいるかを教えて。各関係者の関心や懸念事項も教えて。

サービス（※）
【※「プロンプト例1」（170ページ）と同じサービス内容を入れる】

顧客セグメント（※）

【※「プロンプト例 3」（173 ページ）と同じ顧客セグメントを入れる】

関係者と関心・懸念事項

コンサルティング会社やアドバイザー

・CEO/ 経営者：ChatGPT を活用した研修を導入することで、自社のコンサルティングサービスの付加価値を高め、ビジネスの成果を上げることができるかどうかが関心事項となるでしょう。また、月 10 万円の契約について、コスト面での収益性や ROI の見通しも懸念される可能性があります。

・コンサルタント / アドバイザー：ChatGPT の活用方法や効果的な使い方、具体的な事例などについて学びたいという関心があるでしょう。また、研修を受講することで、クライアント企業の期待に応えることができるかどうか、研修後のフォローアップについても懸念されるかもしれません。

・トレーナー / コーチ：ChatGPT の活用研修を提供することで、新たな収益源を確保することができるかどうかが関心事項となるでしょう。また、研修内容や配信形式についての提案や改善点についても懸念される可能性があります。

【以下省略】

こうした情報を事前に得て、対策をしておくことで営業活動を有利かつ効率的に展開できるでしょう。

 活用例 2　テレアポ用のトークスクリプトの作成

テレアポ用のトークスクリプトを作成してみましょう。

あなたはプロのインサイドセールス担当です。以下の「サービス」を新規テレアポするため、トークスクリプトを作って。

\# サービス
・ChatGPT の活用研修
・オンラインで動画で学習できる
・月 10 万円の 1 年間契約
・30 人まで使い放題

はい、承知しました。以下がトークスクリプトになります。

【イントロダクション】
はじめに、お時間いただきありがとうございます。私は ChatGPT の担当者として、新しいサービスについてご案内いたします。今回ご紹介するサービスは、ChatGPT の活用研修です。この研修は、オンラインで動画で学習が可能で、30 人までの使用が可能です。月 10 万円の 1 年間契約で利用いただけます。

【サービスの説明】
ChatGPT の活用研修は、AI 言語処理技術「GPT-3.5」を利用した、自然な日本語文章生成や自動翻訳、文書要約などを学ぶことができる研修です。研修は、オンラインで動画で学習ができるため、自分のペースで学ぶことができます。また、30 人までの使用が可能なので、チームでの学習にも最適です。

【以下省略】

　それなりの文章が出て来ますが、話の切り出し方が唐突ですし、トークスクリプトとしてはいまいちです。これは GPT3.5 の回答ですが、原稿として使えるレベルを求める場合は GPT-4 を使うことを推奨します（これは、のちに解説する提案書などについても同様）。

GPT-4 に同じことを依頼してみます。

【トークスクリプト】

1. イントロダクション：
担当者様、こんにちは！私は〇〇株式会社のインサイドセールス担当者、[あなたの名前] と申します。お忙しいところお電話をおかけし、申し訳ございません。本日は、ChatGPT の活用研修についてご説明させていただければと思います。短いお時間をいただけると幸いです。

2. サービスの説明：
弊社が提供している ChatGPT の活用研修は、オンラインで動画を使った学習が可能なサービスです。これにより、従業員の皆様が、自分のペースで学習を進めることができます。また、学習に必要な時間や場所に制約されず、効率的にスキルを身に付けることが可能です。

【以下省略】

　言い回しや表現のレベルが高いですね。GPT-4 は現在は有料版のみで利用可能です。GPT3.5 より回答速度は遅いですが、回答の質は高いです。

　ざっくりしたプロンプトで作成した回答なので、まだまだそのまま使えるレベルではありませんが、自分でゼロから作るよりも、このような叩き台があるほうが格段にラクです。

プロンプト例2　　想定問答の作成

　テレアポではメインのトークスクリプトのほかに想定問答集を作るのが普通です。想定問答集の案を ChatGPT に作ってもらいます。

以下のサービスを新規顧客に対して電話営業するため、想定される
質問と回答案を作って。

サービス（※）
【※「プロンプト例1」（176ページ）と同じサービス内容を入れる】

以下は、ChatGPTの活用研修の電話営業において、想定される質
問と回答案の例です。

【質問1】 ChatGPTの活用研修とは何ですか？

【回答1】 ChatGPTの活用研修は、人工知能のGPT-3.5技術を使っ
て開発された日本語の会話システムChatGPTを効果的に活用する
ための研修プログラムです。ChatGPTは、自然言語処理技術により、
人間と自然な会話を行うことができるため、ビジネスや教育などの
様々な分野で活用されています。

【質問2】 研修の内容はどのようなものですか？

【回答2】 研修の内容は、ChatGPTの基礎知識から応用までを学
ぶことができます。具体的には、ChatGPTの機能や使い方の理解、
応用例や事例の紹介、ChatGPTを活用したビジネスのアイデアの発
掘、練習問題や実践演習などが含まれます。

【以下省略】

　「他には」を繰り返して、たくさん回答を出してもらいましょう。この場
合は、質よりも量が重要なので、GPT3.5が向いています。このプロンプト
では、サービスに関する情報をほとんど伝えずに想定問答を作ってもらって
いるため、質問はさておき、回答はそのまま使えません。自分の業務に合わ
せて加筆・修正しましょう。

　プロンプト内に商品の詳細情報を細かく伝えることで、良い回答を作って
もらう方法もあります。プロンプトを作り込むか、大まかなプロンプトで依

頼しておいて回答を自分で修正するかは、自分がやりやすいほうを選べばよいでしょう。

プロンプト例3 顧客セグメントや構成を定義

　次のプロンプトでは、顧客セグメントや構成などを細かく指定します。まずトークスクリプトに限らず「誰に向けた文章か」を伝えると、いい文章を作成できます。

　また、実務で使える文章や原稿を作るには、構成を指定することが望ましいです。テレアポであれば、最初の挨拶で関心を持ってもらい、会話を続けていいかを確認する必要があります。その後、商品説明に入りますが、自分が一方的に説明するのではなく、相手から質問を引き出すのも重要です。このほか、予算・導入タイミング・決裁者などを確認する必要もあります。

　このような構成は、ChatGPT にまかせきりにしないで、自分で要望として伝えるほうがスムーズです。

User

テレアポ用のトークスクリプト作成
あなたはプロのインサイドセールス担当です。以下の「サービス」を新規テレアポするため、「対象顧客」「構成」を踏まえてトークスクリプトを作って。

サービス（※）
【※「プロンプト例１」（176ページ）と同じサービス内容を入れる】

対象顧客（※）
【※〈活用例１〉（170～175ページ）で調べた対象顧客を入れる】

構成
・最初の挨拶でサービス名・価値を入れ、関心を持ってもらう
・挨拶の後、電話を続けてよいか確認する
・サービス価値を端的に説明する
・その後、質問がないかを投げかける

・質問を受けた後、以下を確認する
- 予算があるか
- タイミングはいつ頃か
- 決裁者かどうか
・予算・タイミング・決裁を確認したら、アポイントを提案する
・アポイントでは具体的な日程を提案する

【トークスクリプト】

1. 挨拶とサービス紹介
担当者様：「こんにちは、[担当者様のお名前]と申します。[会社名]のインサイドセールス担当です。お忙しいところ失礼いたします。本日は、ChatGPT活用研修というオンライン動画学習サービスをご紹介させていただきたいのですが、お話しいただくことは可能でしょうか？」

2. 電話を続けてよいか確認
担当者様：「もちろん、お忙しいところ恐れ入りますが、数分だけお時間をいただければ幸いです。」

3. サービス価値の説明
担当者様：「ご了承いただきありがとうございます。当社が提供するChatGPT活用研修は、コンサルティング会社やアドバイザー向けに開発されたオンライン動画学習プログラムで、クライアント企業の業務改善や問題解決を効果的にサポートするための研修です。月額10万円の1年間契約で、最大30人までが使い放題となっております。」

【以下省略】

　このプロンプトは条件を多めに指定しているので、GPT-4を使いました。GPT3.5だと、条件が増えたときに反映されない割合が高まります。

　今回の原稿案も完璧なものではありませんが、「プロンプト例1」に比べるとだいぶ実用的です。これを下書きに、加筆・修正することで、スムーズにスクリプトを作成できます。また、特定のパートについて、別パターンを

いくつか作ってもらうこともできます。たとえば「サービス価値の説明」について、「他のパターンを作って」のように追加で依頼しましょう。

ChatGPTをマーケティング活動に活用する

　ビジネスにおいて営業と同様に重要なのがマーケティング活動です。テレビCMやメディアへの広告出稿から、ホームページやSNSでの情報発信、イベントの企画まで、さまざまな活動があります。本書をお読みの方の多くも、多かれ少なかれ、何らかの形でマーケティング業務に携わっていると思います。

マーケティング活動のよくある課題

　まずマーケティング活動にまつわるよくある課題を挙げてみます。

・顧客のインサイトがわからない
・施策を思いつかない
・各施策のクリエイティブ案が出ない
・コンテンツを作るのが大変

　インサイトとは、お客様のニーズや不安、先入観など、マーケティングメッセージを作成する際に最も重要な要素であるお客様の心理を指します。この理解が欠けていると、マーケティングで成果を出すことは困難です。

　また、お客様のインサイトを理解したとしても、具体的な施策が思い浮かばないことがあります。具体的なメッセージやビジュアルなどのクリエイティブ案を創出することが難しい状況も存在します。これらは、施策の実行に直結する重要な課題です。

　さらに、施策やクリエイティブ案が整っていても、それらを具体的なコンテンツに落とし込むのも大変です。

このような課題により、マーケティング活動が思うように進められず、停滞してしまうこともよくあります。

マーケティング活動のプロセス

ChatGPT の活用を考える前に、マーケティング活動の一般的なプロセスを整理してみましょう。

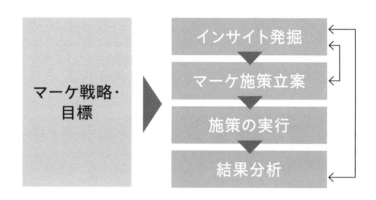

マーケティングの戦略・目標として「問い合わせ数」「商談数」などが設定されます。

この目標を達成するため、まずはターゲット顧客のインサイト（ニーズや不安）や行動パターンを理解します。そのうえで、それに基づいた具体的なマーケティング施策を設計し、実行します。

さらに施策実行後は、その結果を分析します。もし期待した結果が得られなかった場合は、その原因を特定し、改善策を検討します。その学びを次の施策に反映させ、成果向上を目指します。

ChatGPT はマーケティング活動にどのように役立つでしょうか。以下に価値（メリット）を整理します。

マーケティング活動のプロセス	ChatGPTの価値（直近）	ChatGPTの価値（将来）
インサイト発掘	**市場やセグメント**を分析できる **顧客のインサイト**を把握できる	自社・外部データでの分析 個社別の分析
マーケ施策立案	**マーケ施策の洗い出し**ができる **施策の優先度**を提案してくれる	実データを踏まえた施策提案
施策の実行	**クリエイティブ案やコンテンツ案**を 提案してくれる	実行まで自動化 顧客ごとのクリエイティブ生成
結果分析	—	データの分析・改善提案

ChatGPT は、最初のインサイト発掘フェーズで力を発揮します。市場の分析や顧客セグメントの調査など、情報収集や仮説立案を大いに活用可能です。「市場全体でどんな課題があるか」「顧客にはどんなニーズや不安があるか」について、さまざまなアイデアを提供してくれます。

マーケティング施策の立案にも役に立ちます。具体的な施策アイデアを洗い出すことができ、またそれらの優先度まで提案してくれます。

施策の実行段階でも、ChatGPT は有用です。広告案やコンテンツ案を作成してくれるため、マーケティング活動をスムーズに行なえます。電通やサイバーエージェントといった広告代理店でも、ChatGPT や独自の生成 AI を活用することで、作業効率をアップしたり、人間が考えるよりも高い実績

を出すなど、すでにさまざまな成果を挙げています。

　最後の「結果分析」については、今の ChatGPT でできることはあまりありません。将来的には Excel や CRM などのデータを読み込んで、それを分析した改善提案を行なってくれるでしょう。

▶ ChatGPTが苦手なこと

　ChatGPT をマーケティング活動に使うことの価値（メリット）を紹介しましたが、その一方で、ChatGPT が苦手なこと（限界・制限）についても理解しておくことが重要です。

ChatGPTの価値（直近）		ChatGPTの限界・制限
市場やセグメントを分析できる 顧客の**インサイト**を把握できる	⬌	あくまで**一般論や過去の知見**。個別事情や相手の**嗜好性**を踏まえてはいない。**特定の企業の分析も**できない
マーケ施策の洗い出しができる **施策の優先度**を提案してくれる	⬌	あくまで**一般論や過去の知見**。個別事情を踏まえたり、完全に**新たな提案**が出るわけではない
クリエイティブ案やコンテンツ案を 提案してくれる	⬌	あくまで**一般論や過去の知見**。個別事情を踏まえたり、完全に**新たな提案**が出るわけではない **ほかの人もChatGPTを使う**ので、提案内容の修正・アップデートは不可欠

　ChatGPT はインサイト把握からマーケ施策、クリエイティブ作成まで幅広く支援してくれますが、出してくれる回答は一般論と過去の知見をベースにしたものです。また出してくれたアイデアが本当に正しいか（妥当か）はわかりません。多くのアイデアを出してもらったうえで、人間が取捨選択や判断する必要があります。

活用例1 **インサイトの発掘**

　先ほども述べたようにマーケティング活動の一番のキモはインサイトの発掘です。インサイトを把握することは、マーケティングを成功させるうえで不可欠です。

プロンプト例1 　顧客セグメントの仮説

あなたはプロのマーケターです。マーケティング戦略を考えるため、以下のサービスがどんなセグメントと相性がよいか考えて。

\# サービス
・ChatGPT の法人向けの活用研修
・オンラインで動画で学習できる
・月 10 万円の 1 年間契約
・30 人まで使い放題

上記のサービスに基づいて考えると、以下のセグメントに焦点を当てることができます。

1. 法人向け研修を提供する ChatGPT は、B2B セグメントに適しています。法人顧客は、自社の従業員に対してトレーニングや研修を提供することが一般的であり、ChatGPT はその需要に応えることができます。このセグメントには、大企業から中小企業まで、様々な規模の企業が含まれます。

2. オンライン学習サービスは、B2C セグメントに適しています。このセグメントには、個人の学生や専門家、趣味を持つ人たちなどが含まれます。彼らは、学習したいテーマに基づいて選択し、自分のペースで学習することができます。

【以下省略】

顧客セグメントの案を挙げてくれます。

最初のセグメント案は大まかなので「もっと具体的に教えて」と入力し、より詳細な案を出してもらいましょう。

また、「他には」と質問してセグメント案を探ることもできますし、「法人に限定して」などの条件を追加することも可能です。

プロンプト例2 カスタマージャーニーの仮説

次は「カスタマージャーニー」を分析します。

カスタマージャーニーとは、特定の顧客（セグメント）の体験の全体像を整理することです。

 # カスタマージャーニーの分析
マーケティング戦略を考えるため、以下の「サービス」についての「顧客セグメント」のカスタマージャーニーを教えて。

サービス（※）
【※「プロンプト例1」（185ページ）と同じサービス内容を入れる】

顧客セグメント（※）
【※「プロンプト例1」の回答から抽出した顧客セグメントを入れる】

 マーケティング企業のカスタマージャーニーは、以下のようになるでしょう。

1. 認知段階：マーケティング企業は、ChatGPTの存在を知ります。これは、広告やコンテンツ制作に関する情報を探しているとき、SNS上の広告や記事、口コミなどから知ることができます。

2. 興味関心の段階：ChatGPTが提供する法人向けの活用研修に関心を持ちます。これは、マーケティング企業がChatGPTを活用す

るメリットに興味を持ったためです。具体的には、ターゲットオーディエンスの理解やコンテンツ制作の自動化による効率化などです。

〔中略〕

ロイヤルティ段階：マーケティング企業は、ChatGPT を長期間活用することで、自社の業務効率化やクライアント企業の満足度向上に貢献することができます。また、ChatGPT が提供するサポートやアップデートにより、継続的な価値を提供されることで、ロイヤルな顧客になることができます。

　「認知段階」から「ロイヤルティ段階」までのカスタマージャーニーを考えてくれます。もちろん大まかなものではありますが、初期の仮説としては有用です。さらに「もっと詳しく」「具体的に」といった追加の質問をすることで、詳細な回答を作ってくれます。

　顧客セグメント単位でのカスタマージャーニーは、ご覧いただいたようにやや抽象的です。ここで**「具体的なペルソナで教えて」**と依頼してみましょう。ペルソナとは、マーケティング施策を具体的に考えるために特定個人を想定する手法で、リアリティのある顧客行動を回答してもらえます。

了解しました。ここでは、マーケティング企業のペルソナ「中小企業のマーケティング担当者 山田太郎さん」と仮定して、カスタマージャーニーを示します。

1. 認知段階：山田太郎さんは、オンラインで ChatGPT について調べています。彼は、中小企業のマーケティング担当者として、広告やコンテンツ制作に関する多くの業務を行っており、ChatGPTが自分たちの業務を効率化できるのではないかと考えています。

2. 興味関心の段階：山田太郎さんは、ChatGPT のオンライン講座に興味を持っています。彼は、自分たちの業務にどのように

ChatGPT を活用できるかについて、公式サイトや他社の活用事例などを調べています。

【以下省略】

プロンプト例3-1　顧客セグメントのインサイト発掘

次は、特定の顧客セグメントのインサイトを洗い出します。

顧客インサイトの発掘
あなたはプロのマーケターです。以下の「サービス」のマーケティングを考えるため、「顧客セグメント」のインサイト（ニーズ・課題）を洗い出して。

サービス（※）
【※「プロンプト例1」（185 ページ）と同じサービス内容を入れる】

顧客セグメント（※）
【※「プロンプト例1」の回答から抽出した顧客セグメントを入れる】

マーケティング企業の顧客セグメントにおけるインサイトを洗い出すには、以下のような観点から分析することが重要です。

1. 時間と労力の削減に対するニーズ
マーケティング企業は、クライアント企業のプロモーションに関わる多くの業務を行っており、多忙な日々を送っています。
ChatGPT の活用により、マーケティング企業は、ターゲットオーディエンスの理解やコンテンツ制作などの業務を自動化することができ、時間と労力を削減することができます。

2. 効率的なコンテンツ制作に対するニーズ
マーケティング企業は、クライアント企業のブランディングやプロモー

ションを目的としたコンテンツ制作が主な業務の一つです。

【以下省略】

　指定した顧客セグメントが抱えていると思われるニーズを洗い出してくれます。「他には」を繰り返し入力することで、ニーズや課題をどんどん挙げてくれます。

プロンプト例3-2　　インサイトの重要度評価

　続いて、挙げてもらったインサイトの中で、顧客セグメントにとっての重要度を聞いてみます。こうすることで、たくさん挙げられた回答の中から特に重要なインサイトに絞り込みます。

 User　上記のインサイトについて、その「顧客セグメント」にとっての重要度を10段階で評価してください。理由も教えてください。

 Chat GPT　以下に上記のインサイトについて、その「顧客セグメント」にとっての重要度を10段階で評価します。

1. コンテンツの多様性に対するニーズ：8/10
マーケティング企業にとっては、様々な種類のコンテンツを制作する必要があるため、ChatGPTを活用することで手間や費用を削減することができるという点が重要です。ただし、多様性に重きを置きすぎると、ブランドアイデンティティや一貫性を失う可能性があるため、必ずしも全ての企業で高い重要度を持つわけではありません。

2. ターゲットオーディエンスの理解に対するニーズ：9/10
マーケティング企業にとって、クライアント企業のターゲットオーディエンスを理解することは、成功に欠かせない要素です。ChatGPTを活用することで、ターゲットオーディエンスに合わせたコンテンツを自動生成することができるため、非常に重要です。

【以下省略】

ChatGPT が各インサイトの重要度を評価してくれます。多数のインサイト候補とその重要度の参考情報（評価軸）をもとに、マーケティング施策や広告メッセージのアイデアを考えられるので、非常に便利ですね。ただし、ChatGPT の評価数値はあくまで参考です。理由を見ながら自分で判断しましょう。

 活用例 2 **マーケティング施策の洗い出し**

　先ほどの活用例では、どのような顧客がいて、どのようなインサイトがあるかを調べました。次は、施策を考えてみます。先ほどと同様、ChatGPTにたくさんアイデアを出してもらい、その中から良いものを選ぶ流れになります。

プロンプト例1　基本

 あなたはプロのマーケターです。以下のサービスのマーケティング施策を考えて。

サービス
・ChatGPT の法人向けの活用研修
・オンラインで動画で学習できる
・月 10 万円の 1 年間契約
・30 人まで使い放題

 ChatGPT の法人向けの活用研修に対して、以下のマーケティング施策を提案いたします。

1. ターゲットユーザーの特定
まずは、ChatGPT の法人向けの活用研修を受講するターゲットユーザーを特定しましょう。例えば、大手企業の研修担当者や人事部門の方が該当します。

2. デモンストレーション動画の作成
ChatGPT の活用研修の具体的なイメージを伝えるために、デモンストレーション動画を作成しましょう。ChatGPT を使った研修の流れや、どのような成果が得られるかを分かりやすく説明することで、興味を持ってもらえる可能性が高まります。

3. インフルエンサーとのコラボレーション
ChatGPT の法人向けの活用研修を受講するターゲットユーザーにリーチするために、インフルエンサーとのコラボレーションを検討しましょう。研修に役立つ情報を提供するブログや SNS アカウントを持つ人物に、ChatGPT の活用研修について紹介してもらうことで、興味を持ってもらえる可能性が高まります。

【以下省略】

　こんな単純なプロンプトでも、いろいろアイデアを出してくれます。この場合も「他には」を繰り返し、たくさん出してもらうといいでしょう。回答の中から気になったものがあったら、それについて「○○について詳しく教えて」などと依頼します。

プロンプト例2　フレームワーク活用

　次は「マーケティングファネル」というフレームワークを使って施策を考えます。マーケティングファネルは、顧客が購買にいたるまでのプロセスを段階的に分析するフレームワークです。認知する段階、理解する段階、購入する段階など、各段階別にアイデアを出してくれるので、その時点で必要なものを考えやすくなります。

 User

あなたはプロのマーケターです。以下の「サービス」を「顧客セグメント」に広げるための方法をマーケティングファネルで考えて。

サービス（※）
【※〈活用例1〉（185 〜 190 ページ）と同じサービス内容を入れる】

顧客セグメント（※）
【※〈活用例1〉(185 〜 190 ページ) と同じ顧客セグメントを入れる】

 マーケティング企業をターゲットとする場合、以下のようなマーケティングファネルのステップを考えることができます。

1. 認知（Awareness）

マーケティング企業に対して、ChatGPT の法人向けの活用研修について広く知ってもらうことが必要です。以下の方法が有効です。

- ソーシャルメディア広告を利用して、ターゲットのマーケティング企業に向けたキャンペーンを展開する。
- ブログやウェブサイトにコンテンツを掲載し、ChatGPT がどのようにマーケティング企業のビジネスをサポートできるかを紹介する。
- 関連するイベントやカンファレンスに出展し、ChatGPT の活用方法をデモンストレーションする。

2. 興味（Interest）

マーケティング企業が ChatGPT の法人向けの活用研修に興味を持つようになるには、以下のような方法が有効です。

- メールマーケティングを活用して、ChatGPT の法人向けの活用研修について詳しく紹介する。
- ウェビナーやセミナーを開催して、ChatGPT の法人向けの活用研修のメリットや使い方を解説する。
- ブログやウェブサイトのコンテンツを充実させ、ChatGPT の法人向けの活用研修についての情報を提供する。

3. 検討（Consideration）

【以下省略】

このようにフレームワークに沿って、施策を教えてくれます。このときも「他には」でアイデアを追加してもらったり、特定の段階に絞って詳しく教えてもらうことができます。

プロンプト例3 施策の評価

　洗い出した施策は自分が重要だと思ったものを選んでもよいですが、今回はもう少しChatGPTに頼ってみましょう。先ほど出た施策案の中からピンと来たものを選んで、ChatGPTに評価してもらいます（プロンプトが複雑なのでGPT-4の利用を推奨します）。

マーケティング施策の評価
あなたはプロのマーケターです。以下の「サービス」を「顧客セグメント」に広げるための「施策案」を評価したい。「比較軸」を踏まえ、「アウトプット例」のように評価して。

サービス（※）
【※〈活用例1〉と同じサービス内容を入れる】

顧客セグメント（※）
【※〈活用例1〉と同じ顧客セグメントを入れる】

施策案（※）

・コンテンツマーケティング
ブログやウェブサイト、ニュースレターなどでコンテンツを提供することで、自社の専門知識や情報発信力をアピールし、サービスの認知を広げることができます。また、SNSなどのプラットフォームで、サービスの特徴やメリットを伝えることも効果的です。

・広告掲載
Google AdWords や Facebook 広告、Twitter 広告などのオンライン広告を活用することで、ターゲット層に向けた広告を出稿することができます。また、業界団体の雑誌や Web メディアに広告を掲載することも考慮することができます。

【以下省略】
【※「プロンプト例1」（190ページ）で得た施策案を入れる】

比較軸
・効果のでやすさ：5段階
　－1：効果が出るのに時間がかかる
　－5：効果がすぐにでる
・コストの大きさ：5段階
　－1：大きなコストがかかる
　－5：あまりコストをかけずにできる
・サービスとの相性の良さ：5段階
　－1：サービスや顧客セグメントと相性がよくない
　－5：サービスや顧客セグメントとの相性がよい

アウトプット例
施策A
・効果のでやすさ：{評価}
　→{評価の理由}
・コストの大きさ：{評価}
　→{評価の理由}
・サービスとの相性の良さ：{評価}
　→{評価の理由}

施策1: コンテンツマーケティング
・効果のでやすさ：3
　→コンテンツ制作やSNSでの拡散により認知度を上げることがで
　　きるが、効果が出るまでには時間がかかる場合がある。
・コストの大きさ：4
　→コンテンツ制作やSNSの運用にはコストがかかるが、広告費に
　　比べてコストは抑えられる。
・サービスとの相性の良さ：5
　→マーケティング企業向けのサービスであり、コンテンツ制作や
　　SNSでの情報発信力をアピールできる。

施策2: 広告掲載

・効果のでやすさ：5
　→ Google AdWords や Facebook 広告などのターゲティング広告
　　を活用すれば、短期間で効果が出ることが期待できる。
・コストの大きさ：2
　→広告費によってコストがかかるため、予算管理が重要。
・サービスとの相性の良さ：4
　→ターゲット層に向けた広告を出稿し、サービスの認知度を上げ
　　ることができるが、広告だけでは具体的な活用方法が伝わりに
　　くい。

【以下省略】

　比較軸に沿って各施策を評価してくれます。妥当な評価もあれば、「これ
は違うのでは？」というものもあるので、評価を鵜呑みにせず、理由をきち
んと読んで、自分で判断しましょう。

　また「表形式で整理して」と追加で依頼すると、次のように返ってきます。

| TO | 表形式で整理して |

施策	効果ので やす さ	理由	コスト の大 きさ	理由	サービ スと の相 性の 良さ	理由
コンテンツマーケティング	3	効果が出るまでには時間がかかる場合がある。	4	広告費に比べてコストは抑えられる。	5	マーケティング企業向けのサービスであり、コンテンツ制作やSNSでの情報発信力をアピールできる。
広告掲載	5	Google AdWordsやFacebook広告などのターゲティング広告を活用すれば、短期間で効果が出ることが期待できる。	2	広告費によってコストがかかるため、予算管理が重要。	4	ターゲット層に向けた広告を出稿し、サービスの認知度を上げることができるが、広告だけでは具体的な活用方法が伝わりにくい。

↻ Regenerate response

近年、再び Twitter で情報発信・収集をする人が増えています。ここでは、Twitter 運用に ChatGPT を活用する方法を紹介します。

プロンプト例1 テーマ&ターゲットユーザーを指定してアイデア出し

#Twitter 投稿のアイデア
あなたはプロの SNS 担当です。「テーマ」「顧客セグメント」を踏まえ、Twitter の投稿文のアイデアを 10 個考えてください。
テーマ
ChatGPT を使うと、効率的なコンテンツ制作ができる

これまでに得た回答などをもとに作成する

顧客セグメント

・マーケティング企業：マーケティング企業は、広告制作やコンテンツ制作など、クライアント企業のプロモーションに関わる多くの業務を行っています。ChatGPT を活用することで、マーケティング企業は、ターゲットオーディエンスの理解やコンテンツ制作の自動化などに役立てることができます。

1.ChatGPT を使って、マーケティング企業のコンテンツ制作をもっと効率的にしましょう。 #ChatGPT # マーケティング # コンテンツ制作

2. クライアント企業のプロモーションに関わる業務を行うマーケティング企業にとって、ChatGPT は欠かせないツールです。 # マーケティング #ChatGPT

【中略】

10.ChatGPT を使って、マーケティング企業は、クライアント企業のプロモーションにおいて、より高い効果を発揮するコンテンツ制作を実現できます。 #ChatGPT # マーケティング # プロモーション # 効果的なコンテンツ制作

テーマに即して、少しずつ内容が異なる文章を 10 個作ってくれます。これも「他には」を繰り返すことで、大量の文章を作成できます。また、自分がピンと来た文章があれば、それをベースにバリエーションを考えてもらうことも可能です。

このプロンプトは、個数を「10 個」と指定しています。数を指定しないと、文章が 1 つしか出て来ないことが多いです。ChatGPT では、1 つの質問あたりの回答の文字数が 500 〜 1000 文字程度なので、個数を増やすと個々の文章が短くなり、個数が少ないと長めになります。自分にとって適切な文字数を得られる個数を設定しましょう。

プロンプト例2 **アイデアを文章化**

先ほど作ったメッセージから良さそうなものを 1 つ選び、それをもとに投稿文を作ってもらいます。

文字数や書式、参考例を指定します。「## 参考例」の下に自分の過去投稿した文章や参考にしたいアカウントの投稿を貼り付けることで、そのスタイルに合わせた文章を作成してくれます。なお、今回は条件が多いので、GPT-4 の利用を推奨します。

#Twitter の文章
あなたはプロの SNS 担当です。以下の「メッセージ」をもとに、「ルール」を守り、「参考例」のように Twitter 投稿文章を作ってください。文体は「参考例」を参考にしてください。

メッセージ
ChatGPT を使うことで、マーケティング企業は、ターゲットオーディエンスの理解をより深めることができます。

ルール
・文字数は全角 140 文字以内
・3 段落
・1 段落目は魅力的なタイトル

・段落の終わりに改行を入れる

・ハッシュタグを 5 つつける

参考例
外部人材活用を促進するには（HBR）

・会社ごとに、外部活用のしやすさや有効性は異なる

・最初は実験を行うことが望ましい

・同じお題に対し、社員活用と外部活用の結果を比較する

何事も、いきなり本格スタートでなく、スモールトライが大事

 ChatGPT でマーケティング進化

・ターゲットオーディエンスの理解がより深まる

・ChatGPT を活用し、効果的なマーケティング戦略を

・マーケティング企業の新たなパートナーに

ChatGPT で次世代のマーケティングへ! #ChatGPT # マーケティング
オーディエンス # 戦略 # パートナ

　それらしい文章が出てきます。ただ「メッセージ」以外の元ネタがない状態で作成しているので、深みには乏しい印象はあります。投稿する前に自分で言葉を付け足すなど、アレンジしたほうがよいでしょう。

プロンプト例3　　元文章からメッセージ作成

さらに実践的な使い方を紹介します。

元ネタとなる文章を用意して、それを Twitter の投稿文にアレンジしても

らいます。元ネタとなる文章は、ブログ記事、ニュースなど何でもかまいません。さらに、日本語以外の情報でも大丈夫です。これも GPT-4 を使います。

 User

#Twitter の文章作成
あなたはプロの SNS 担当です。以下の「元文章」を要約し、「ルール」を守り、「参考例」のように Twitter 投稿文章を作ってください。文体は「参考例」も参考にしてください。

ルール
・文字数は全角 140 文字以内
・最初は魅力的なタイトル
・要点を 3 つの箇条書き文章にまとめる
・要点はなるべく具体的にする
・要点にはデータ・ファクト・数値を盛り込む
・最後に自分の考えや考察を入れる
・ハッシュタグを 5 つつける
・ハッシュタグは文字数に含めない

参考例（※）
【※参考例を入れる】

元文章（※）
By now, you have probably heard of ChatGPT, Google's Bard, Microsoft's Sydney or any number of artificial intelligence (AI) programs that have become the present fascination of the tech industry. Once ripped from the pages of pulpy 1970s sci-fi paperbacks, AI is now so very much real that it's available to the public and is being used as an asset in the working world.

【以下省略】
【※出典 https://www.forbes.com/sites/forbesagencycouncil/ 2023/04/25/what-marketing-and-advertising-specialists-can-expect-from-chatgpt/?sh=27ed430b47d6】

AI 進化でマーケティング変革
・チャット GPT は顧客対応やコピーライティングを効率化
・信頼性が向上する一方、情報の正確性に注意が必要
・人間の感性や信頼関係は AI では代替しきれない要素
AI の利活用でビジネス拡大、倫理面も考慮し人と AI の共存を模索
#AI # チャットボット # マーケティング # 信頼性 # 人間と AI

　この例では、海外メディアのマーケティングに関する記事を元ネタにした投稿文を作ってもらいました。英文を貼り付けて日本語の投稿文がすぐに作れるのが ChatGPT のすごいところです。

　このように国内外の最新情報などをアレンジして投稿することで、ユーザーを引き付ける情報発信をしやすくなります。

 活用例4　Google広告文の作成

　リスティング広告の文章を作ってみます。Google 広告のルール、仕様に合わせた条件を設定したうえで作成を依頼します。

プロンプト例1　　Google広告の作成

 User # 広告文の作成
あなたはプロの広告担当です。検索エンジンの「対象キーワード」に Google 広告をだそうと思っています。「サービス」「顧客インサイト」を踏まえた上で、文章を「ルール」「アウトプット例」に従って作成してください。

検索キーワード
・社員研修
・法人研修

サービス
・ChatGPT の法人向けの活用研修

・オンラインで動画で学習できる
・月10万円の1年間契約
・30人まで使い放題

これまでに得た回答
をもとに作成する

顧客インサイト
・マーケティング企業：マーケティング企業は、広告制作やコンテンツ制作など、クライアント企業のプロモーションに関わる多くの業務を行っています。ChatGPTを活用することで、マーケティング企業は、ターゲットオーディエンスの理解やコンテンツ制作の自動化などに役立てたい。

ルール
・見出しは全角15文字以内
・見出しは組み合わせて使うことがある
・見出しには「検索キーワード」を含められるとよい
・説明文は全角45文字以内
・感嘆符（!等）は使わない
・スペースは使わない

アウトプット例
・見出し1：{見出し}
・見出し2：{見出し}
・見出し3：{見出し}
・見出し4：{見出し}
・見出し5：{見出し}

・説明文1：{説明文}
・説明文2：{説明文}

・見出し1：法人研修で ChatGPT 活用
・見出し2：社員研修の最先端技術
・見出し3：効果的なオンライン研修
・見出し4：マーケティング業界向け
・見出し5：月10万円で使い放題

・説明文1：ChatGPT 法人向け研修で業務効率向上。オンライン動
　画学習で30人まで使い放題。
・説明文2：1年間契約で月10万円。マーケティング企業のコンテ
　ンツ制作を劇的に進化させます。

　この回答でも、すでに普段よく見る Google 広告のレベルに達しています。
「他には」でさらに別のアイデアを出してもらうこともできます。先ほどの
Twitter 投稿のように「参考例」を入れたり、「元文章」を与えることで、
より具体的な依頼にできます。

Excel &
スプレッドシート

▶ Excel&スプレッドシートの作業効率がアップ!

ChatGPT の高度な処理能力を Excel やスプレッドシートの関数に利用できます。この方法を覚えると、一括で情報収集したり、文章を大量作成したり、データの一括処理(分類、タグ付けなど)を行なうことができ、さまざまな業務の作業効率を上げることができます。

Excel やスプレッドシートで ChatGPT を利用するためには、ChatGPT とは別に「OpenAI API」の登録が必要です。API とは「Application Programming Interface」の略で、あるサービスを別のサービスから利用するための仕組みです。今回は、ChatGPT の機能を、Excel やスプレッドシートなどから利用するために、この API の登録が必要となります。少し難しく思われるかもしれませんが、手順自体は簡単なのでご安心ください。

なお、OpenAI API は従量課金制です。利用料金は非常にリーズナブルで、たとえば、2023 年 5 月時点では、約 1000 文字の文章を送受信するコストは 0.3 円／回程度です。とはいえ、大量に利用すると当然コストは上がるので、上限設定や使用状況確認を行なうことをおすすめします。具体的な方法はこの章の最後で解説します(229 ページ)。

OpenAI API の初回利用者には 18 ドル分の無料クレジットが提供されるので(2023 年 5 月時点)、まずはこれを使って試してみましょう。ただし、このサービスの仕様は本書刊行後に変更されている可能性もあるので、利用開始前に最新の情報を確認してください。

※この章で解説した内容は、たてばやし淳さんの著書『Excel × ChatGPT でビジネスが加速する! AI 仕事術:「○○を教えて」だけじゃない! 仕事に役立つ 50 の活用事例』から多くのヒントを得ています。この場を借りてお礼を申し上げます。

▶ 導入準備

1. OpenAI の API に登録 & API キーを取得

OpenAI の API に登録し、API キーを取得する方法は次の通りです。

まず、OpenAI の公式ウェブサイト（https://openai.com/blog/openai-api）にアクセスします。検索エンジンで「OpenAI API」と検索すると、最上位に表示されます。

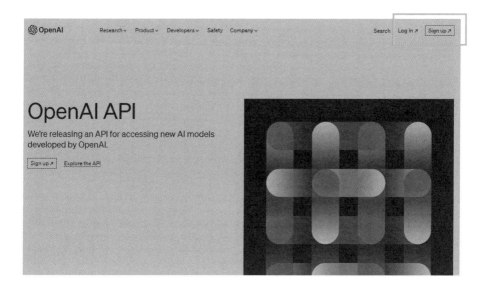

すでに ChatGPT のアカウントを持っている場合は、画面右上の「Log in」をクリックし、ログインします。まだアカウントを持っていなければ、「Sign up」をクリックして新規登録してください。

ログイン後、画面右上にある「Personal」をクリックします。表示されるメニューの中から「View API Keys」を選択します。

画面真ん中にある「+ Create an API key」をクリックします。これにより、新しい API キーを作成します。

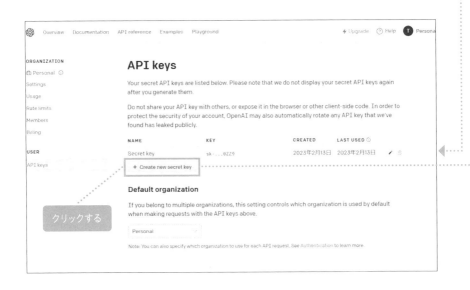

APIキーの発行時に名前を付けることができます。たとえば「for excel」などと名付けておけば、どの用途で使っている API キーかがわかりやすくなります。

新しい API キーが生成されます（画面内の「k-Rr9…」が API キーです）。なお、API キーはあとから確認することができないので、メモなどに記録してください。

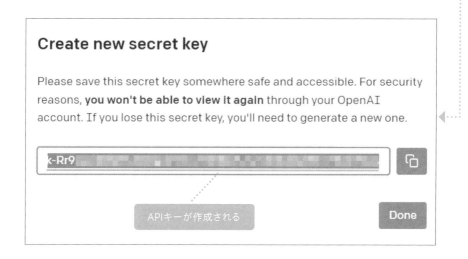

もし API キーを忘れてしまった場合は、その API キーを削除し、新たなキーを生成しましょう。各 API キーごとに利用状況がわかるので、利用するサービスごとに別のものを作成しましょう。

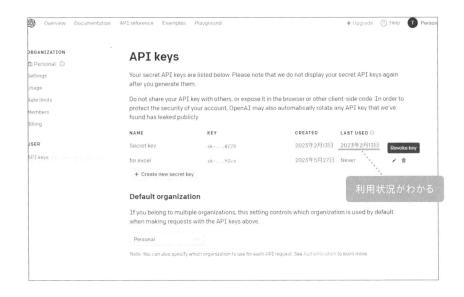

以上で OpenAI の API 登録と API キーの取得が完了します。

このキーを使うことで、Excel やスプレッドシートから ChatGPT の機能を利用できるようになります。API キーを無料クレジット枠を超えて利用する場合は、クレジットカードの登録が必要です。登録方法や、利用上限料金の設定方法は後述します。

2. Excel での利用

Excel で OpenAI の API を利用するためには、マイクロソフトが提供するアドイン「Excel Labs, a Microsoft Garage project」を追加します。

まず Excel の画面上部の「挿入」タブをクリックし、「アドインを入手」を選択します。

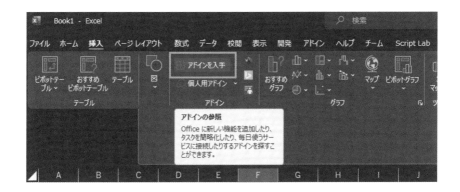

「ストア」をクリックし、左側の検索窓で「excel labs」と入力します。画面のように「Excel Labs, a Microsoft Garage project」が表示されるので、「追加」をクリックし、インストールします。

アドインがインストールされると、Excel の右側に設定画面が開きます。もし右側に表示されない場合は、画面上部の「ホーム」タブをクリックし、リボン右にある「Excel Labs」を選択すると表示されます。右側に表示されているアドインの「LABS.GENERATIVEAI function」という見出しの下にある「Open」ボタンをクリックします（2つある Open ボタンの下にあるもの）。

　下方にスクロールすると「Configure API Key」というメニューがあります。選択すると、その下に「OpenAI API key」という入力ボックスがあります。ここに、先ほど取得した OpenAI の API キーを貼り付けます。

APIキーを貼り付ける

これで Excel で ChatGPT の機能を使うための LABS.GENERATIVEAI 関数を使えるようになりました。適当なセルに「LABS.GENERATIVEAI(" 東京で一番高い建物は？")」などと入力してみましょう。少しの間「#B ビジー！」と表示されてから結果がセルに入力されます。

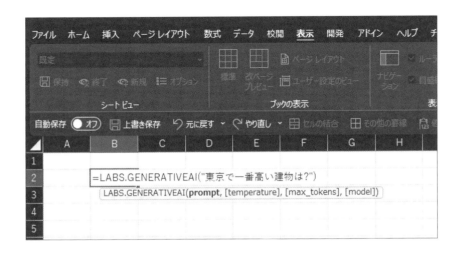

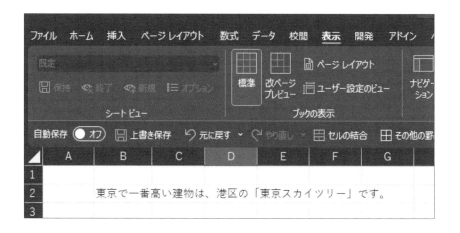

　関数がやや長くて覚えづらいのですが「=LAB」と入力していると、途中で関数の補完が表示されます。このタイミングでキーボードのTABキーを押すか、マウスで補完部分をダブルクリックすると、関数を自動的に入力してくれるので便利です。

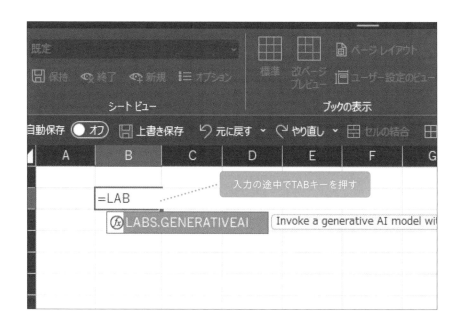

設定項目も覚えておきましょう。先ほど確認したExcel右側のアドイン設定画面で、下の方に「Settings」という項目があります。ここで、次の項目を設定できます。

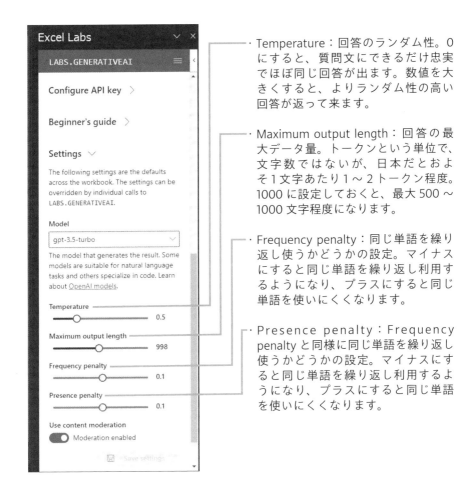

・Temperature：回答のランダム性。0にすると、質問文にできるだけ忠実でほぼ同じ回答が出ます。数値を大きくすると、よりランダム性の高い回答が返って来ます。

・Maximum output length：回答の最大データ量。トークンという単位で、文字数ではないが、日本だとおよそ1文字あたり1～2トークン程度。1000に設定しておくと、最大500～1000文字程度になります。

・Frequency penalty：同じ単語を繰り返し使うかどうかの設定。マイナスにすると同じ単語を繰り返し利用するようになり、プラスにすると同じ単語を使いにくくなります。

・Presence penalty：Frequency penaltyと同様に同じ単語を繰り返し使うかどうかの設定。マイナスにすると同じ単語を繰り返し利用するようになり、プラスにすると同じ単語を使いにくくなります。

3. スプレッドシートでの利用

　GoogleスプレッドシートでOpenAIのAPIを利用するためには「GPT for Sheets」が便利です。これは、Googleスプレッドシートの無料のアドオンで、豊富な実績を持つツールです。

Google スプレッドシートを開き、「拡張機能」タブをクリックし、「アドオン」→「アドオンを取得」を選択します。

　検索ボックスに「GPT for sheets」と入力し、検索します。

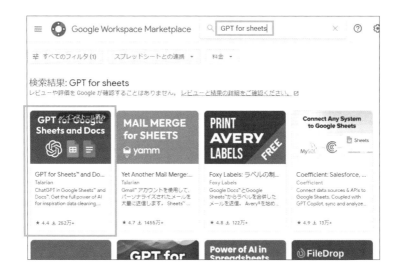

「GPT for Sheets and Docs」の画面で「インストール」をクリックします。

　インストールする際に Google アカウントでログインが求められるので、
ログインします。

　また、次のようなアドオンのインストール許可画面が表示されるので、「許可」をクリックします。

以上で、アドオンがインストールされます。スプレッドシートの右側にアドオンの設定画面が表示されます。もしされない場合は、画面上部の「拡張機能」タブを選び、「GPT for Sheets and Docs」→「Launch & Enable functions」とクリックします。最初は API キーが設定されていないので、アドオン画面上部の「Set your API Key」をクリックします。

　207 ページで所得した API キーを入力し「Save API Key」をクリックします。これで無事に利用できるようになります。

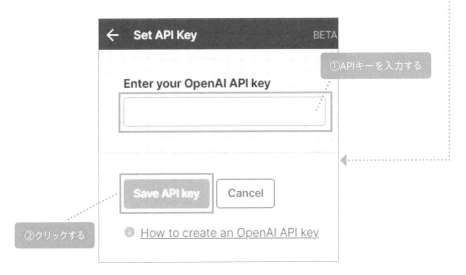

「GPT for Sheets」では、GPT関数を使えます。たとえば、適当なセルで「=GPT（"東京で一番高い建物は？"）」と入力すると、「Loadings…」と表示されたのちに、回答結果がセル内に表示されます。

本書ではこれ以降、利用者が多いExcelを中心に説明するので、「GPT for Sheets」の説明は割愛します。もし気になる方は、筆者のYouTubeチャンネル（リモートワーク研究所）で詳細に説明しているので、そちらをご覧ください。

▶ Excel&スプレッドシートでのプロンプト作成（質問文作成のコツ）

ExcelやスプレッドシートでChatGPT機能を上手に利用するには、プロンプト（質問文）データの作り方のコツを知る必要があります。

コツ1：関数内にプロンプトを書かず、別セルに書く

関数内に直接プロンプトを書くと、それが何を意味しているのか、どのような結果を得るためのものなのかが一見してわかりづらい可能性があります。また、修正が必要な場合にも手間がかかります。

関数とプロンプトを別のセルに分けることで、プロンプトの内容を確認しやすくなり、また修正も容易になります。

NG例：関数内にそのままプロンプト（質問文）を入力

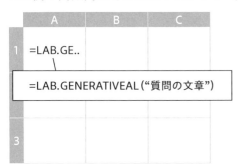

× 中身を確認しづらい

× 変更が大変

× 一括で変更しづらい

218

OK例：プロンプト（質問文）と関数を分ける

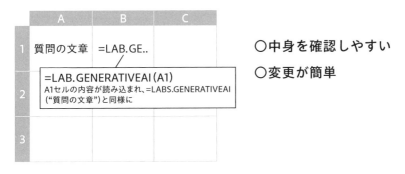

○中身を確認しやすい

○変更が簡単

コツ2：変数と固定文章を分けて組み合わせる

　複数のセルを組み合わせてプロンプトを作成する方法を覚えると、よりパワフルに活用できます。たとえば、1つのセルには固定的な質問文を置き、もう1つのセルには追加の情報（たとえば、特定の条件や指定）を書くといった方法です。下の例では、B1セルに固定的な文章を置き、A列に変数（社名）を入れ、これを組み合わせてプロンプトを量産しています。

　固定的な質問文が長くなる場合は、その文章だけ別シートで作っておき、参照を使って組み合わせるのもおすすめです。

プロンプト（質問文）を変数・固定文で分けて組み合わせる

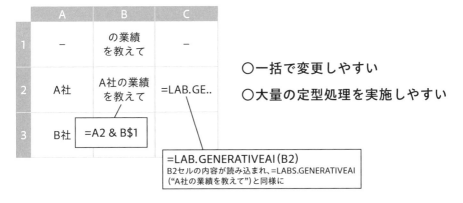

○一括で変更しやすい

○大量の定型処理を実施しやすい

プロンプト（質問文）を変数・長い固定文で分けて組み合わせる

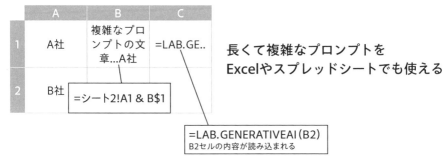

シート1

長くて複雑なプロンプトを
Excelやスプレッドシートでも使える

シート2

▶ 活用例1 **情報収集の効率化**

　活用方法の1つ目は、情報収集の効率化です。先ほど紹介したテクニックを使い、情報収集用のプロンプトを量産することで、大量の情報を収集できます。活用シーンは次の通りです。

・業界情報の収集
・キーワードごとの調査
・企業情報の収集
　など

具体例：海外の教育サービスの調査

　具体例として、「海外の教育系サービスの概要・特長」の整理シートを作成します。アウトプット例は次ページの画像の通りです。

	A	B	C	D	
1	企業名	概要		強みや特長	
2		プロンプト	結果	プロンプト	結果
3		の会社概要	-	の強みや特長を箇条書きで教えて	
4	Udemy for Business	Udemy for Businessの会社概要	Udemy for Businessは、企業向けのオンライン学習プラットフォームです。従業員がスキルを向上させ、キャリア	Udemy for Businessの強みや特長を箇条書きで教え	- 豊富多様なカ
5	Coursera for Business	Coursera for Businessの会社概要	Coursera for Businessは、オンライン教育プラットフォームのCourseraが提	Coursera for Businessの強みや特長を箇条書きで教え	- 多様- 世界
6	LinkedIn Learning	LinkedIn Learningの会社概要	LinkedIn Learningは、LinkedInが運営するオンライン学習プラットフォー	LinkedIn Learningの強みや特長を箇条	- Linkスを提
7	Skillsoft	Skillsoftの会社概要	Skillsoftは、企業向けのeラーニングコンテンツやパフォーマンスサポート	Skillsoftの強みや特長を箇条書きで教え	- 幅広- オン
8	Pluralsight	Pluralsightの会社概要		Pluralsightの強みや特長を箇条書きで教える	

　まずは A 列に、調査対象となるサービス一覧を作ります。サービス一覧を作る際は、ChatGPT で「海外の法人教育サービス提供企業を箇条書きで教えて」などと質問してリストを取得したり、Google 検索などでサービス一覧をピックアップしたりすると便利です。

	A
1	企業名
2	
3	
4	Udemy for Business
5	Coursera for Business
6	LinkedIn Learning
7	Skillsoft
8	Pluralsight

続いて、各サービスについて調査したい項目を考えます。たとえば、「会社概要」「強みや特長」「組織の規模」などです。これらの調査項目を知るために、A列のサービス名と組み合わせるための質問文章を3行目に入れていきます。「○○の会社概要」「○○の強みや特長を箇条書きで教えて」「○○の組織規模をアウトプット例のように教えて……」などです。

B	D	F
概要	強みや特長	
プロンプト	プロンプト	プロンプト
の会社概要	の強みや特長を箇条書きで教えて	以下の会社の特長の中で、オンライン研修市場で特に強みになりそうなものを1つ選んで

　これらを作ったうえで、A列の会社名と、3行目の質問文のセル同士を組み合わせたプロンプト用セルを作っていきます。非常に簡単で、たとえば「Udemy for Business の会社概要」というプロンプトを作る場合は、「=A4 & B$3」といった数式を入力します。

企業名	概要
	プロンプト
	の会社概要
Udemy for Business	=A4&B$3

　そして量産したプロンプトを、実際にLABS.GENELATIVEAI関数を使ってOpenAIに送信し、回答結果を得ていきます（次ページ図）。

	A	B	C
企業名	概要	
	プロンプト	結果
	の会社概要	-
Udemy for Business	Udemy for Businessの会社概要	
		=LABS.GENERATIVEAI(B4)

　ここで、少しハイレベルな活用方法をご紹介します。
　プロンプトで得られた回答結果から、さらに新しいプロンプトを作る方法です。次の例では、まず E4 セルが LABS.GENELATIVEAI 関数となっており、「Udemy の強み・特長」の回答データを得ています。この E4 セルのデータと、F3 セルの固定的な質問文を使い、F4 のようなプロンプトを作っています。そして F4 のプロンプトを、G4 セルで LABS.GENELATIVEAI 関数を使い、さらに新たな回答データを得ています。

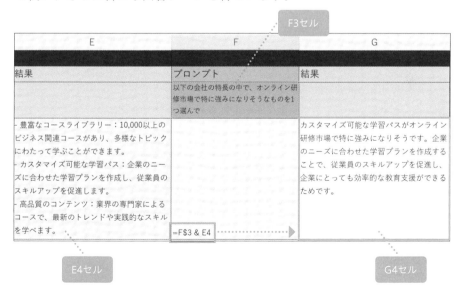

	E	F	G
		F3セル	
結果	プロンプト	結果
	以下の会社の特長の中で、オンライン研修市場で特に強みになりそうなものを1つ選んで	
- 豊富なコースライブラリー：10,000以上のビジネス関連コースがあり、多様なトピックにわたって学ぶことができます。 - カスタマイズ可能な学習パス：企業のニーズに合わせた学習プランを作成し、従業員のスキルアップを促進します。 - 高品質のコンテンツ：業界の専門家によるコースで、最新のトレンドや実践的なスキルを学べます。	=F$3 & E4	カスタマイズ可能な学習パスがオンライン研修市場で特に強みになりそうです。企業のニーズに合わせた学習プランを作成することで、従業員のスキルアップを促進し、企業にとっても効率的な教育支援ができるためです。
E4セル		G4セル

A	B	C	D	E	F	G	
企業名	概要		強みや特長				組織の
	プロンプト	結果	プロンプト	結果	プロンプト	結果	プロン
	の会社概要	-	の強みや特長を箇条書きで教えて		以下の会社の特長の中で、オンライン研		の組織規ブット化えて
Udemy for Business	Udemy for Businessの会社概要	Udemy for Businessは、企業向けのオンライン学習プラットフォームです。従業員がスキルを向上させ、キャリアを発展させるために、5,500以上のトピックから	Udemy for Businessの強みや特長を箇条書きで教えて	- 豊富なコースライブラリー：10,000以上のビジネス関連コースがあり、多様なトピックにわたって学ぶことができます。 - カスタマイズ	以下の会社の特長の中で、オンライン研修市場で特に強みになりそうなものを1つ選んで - 豊富なコースライブラリー：10,000	カスタマイズ可能な学習パスがオンライン研修市場で特に強みになりそうです。企業のニーズに合わせた学習プランを作成することで、従業員のスキルアップを促進し、企業にとっても効率的な教育支援ができるためで	Udemy組織規ブット化えて #アウト・人数・拠点・展開してい

　このような組み合わせ方を覚えることで、プロンプト→回答→新たなプロンプト→回答→新たなプロンプト……という、ChatGPT で何度も質問を重ねる必要があるやりとりすらも自動化できてしまうわけです。

　この手法を知っておくことで、大量の情報を迅速に収集し、それらを分析・整理する作業を大幅に効率化できます。まだまだ ChatGPT 自体の回答精度や扱えるデータ量に限界はありますが、今後はより回答精度が高く、最新データを備えた生成 AI が出現することは間違いありません。新たな生成 AI に切り替えることで、さらなる効率化が見込めるわけです。

▶ 活用例 2　1人1人に合わせた文章作成

　活用方法の 2 つ目は、個々の人に合わせた文章作成です。送る対象者や情報を入力することで、それぞれの状況に合わせた異なる文章を作成できます。主な活用シーンは次の通りです。

・個別のメール文章案の作成
・1 社 1 社への案内文案の作成
・カスタマーサポートの返答文案の作成　など

具体例：セミナー参加者へのお礼文章の作成

　具体例として、セミナー参加者に対し、1人1人異なるお礼メールの文章を作成します。アウトプット例は次の通りです。F列でプロンプトを作成し、G列にLABS.GENERATIVEAI関数の回答結果（文章案）を作っています。

F	G
#セミナー参加者へのお礼メールの文案作成 あなたはインサイドセールス担当者です。メールで相手からの信頼を獲得し、セールスにつなげるプロです。 以下の「メール内容」「アンケート回答内容」をもとに、文章を作ってください。 ##メール内容 ・セミナー参加者へのお礼メール ・まずセミナー参加への感謝を伝える ・「アンケート回答」の「セミナー満足度」に回答する ・「アンケート回答」の「役割」に合わせて、内容を変える ・「アンケート回答」の「今回のウェビナーで役立ったこと」に合わせて、内容を変える ・「アンケート回答」に「感想」がある場合、なるべく内容を参照し、回答する ・返信いただけるよう促す ・自然な形で、ヒアリングのお打ち合わせの打診をする ・お打ち合わせでは、他社事例・活用事例など、お客様にお役立	件名：【セミナー参加者へ】セミナー参加ありがとうございました 拝啓　○○様 先日は弊社主催のセミナーにご参加いただき、誠にありがとうございました。おかげさまで、大変盛況なセミナーとなりました。 アンケートにご協力いただき、ありがとうございます。○○様の貴重なご意見を参考に、今後のセミナー改善に活かしてまいります。 アンケート回答によりますと、今回のウェビナーで役立ったことは、企画におけるChatGPTのおすすめの活用方法だったとのことでした。営業企画・

　まず、アンケート結果を整理します。今回の例では、A〜D列までがアンケート結果です。このアンケート結果を、E列で1つの文章に整理しています。

A	B	C	D	E	F
今回のウェビナーの満足度を教えてください。：	役職	今回のウェビナーでお役に立った内容を教えてください。	「海外の有識者を招いたウェビナーコンテンツ企画支援」について、あなたのご関心を教えてください。	回答内容	プロンプト
不満	営業企画・営企画におけるC	企画におけるC	興味はあるが、説明や資料は不要	・セミナー満足度：今回のウェビナーの満足度を教えてください。 ・役職：営業企画・営業推進 ・今回のウェビナーで役立ったこと：企画におけるChatGPTのおすすめの活用方法 ・サービスへの関心：興味はあるが、説明や資料は不要	#セミナー参加者へのお礼メールの文案作成 あなたはインサイドセールス担当者です。メールで相手からの信頼を獲得し、セールスにつなげるプロです。 以下の「メール内容」「アンケート回答内容」をもとに、文章を作ってください。 ##メール内容 ・セミナー参加者へのお礼メール ・まずセミナー参加への感謝を伝える ・「アンケート回答」の「セミナー満足度」に回答する

　続けて、F列でプロンプトを作っています。今回の例では、プロンプトの

固定文章が長いので、別シートのセルにまとめています。このセルの文章と、先ほど作成したE列の回答文を1つにまとめることで、F列のようなプロンプトが作れます。

```
あなたはインサイドセールス担当者です。メールで相手からの信頼を獲得し、セールスにつなげるプロです。
以下の「メール内容」「アンケート回答内容」をもとに、文章を作ってください。

##メール内容
・セミナー参加者へのお礼メール
・まずセミナー参加への感謝を伝える
・「アンケート回答」の「セミナー満足度」に回答する
・「アンケート回答」の「役割」に合わせて、内容を変える
・「アンケート回答」の「今回のウェビナーで役立ったこと」に合わせて、内容を変える
・「アンケート回答」に「感想」がある場合、なるべく内容を参照し、回答する
・返信いただけるよう促す
・自然な形で、ヒアリングのお打ち合わせの打診をする
・お打ち合わせでは、他社事例・活用事例など、お客様にお役立ていただける情報を提供することを伝える

##アンケート回答内容
```

これらのプロンプトを、LABS.GENELATIVEAI関数でOpenAIに送り、回答結果を得ていきます。

 活用例3 **文章データの一括処理（分類、タグ付けなど）**

活用方法の3つ目は、文章データの一括処理です。問い合わせデータ、SNS投稿データなどの文章データについて、まとめて分類したりタグ付けしたりして整理することができます。これまでは、これらの分類作業は人力で行なう必要がありました。数十件程度なら大した負荷ではありませんが、何百件・何千件ともなると大変です。今回の手法を使うと、大量の分類・タグ付けを効率的に行なえます。たとえば、次のようなシーンでの生産性がアップします。

・アンケートの自由回答文の分類・集計
・問い合わせ文章の分類・集計

226

・SNS 投稿文の分類・集計
　など

具体例：アンケート自由回答文の集計

　具体例として、アンケートで得た自由回答のデータを分類します。アウトプット例は次の通りです。A列の自由回答文を、C列で分類しています。また、この分類されたデータをExcelのCOUNTIF関数でカウントすることで、D列以降で集計も行なっています。

A	B	C	D	E	F	G
アンケート結果（ChatGPTの活用	プロンプト	結果	集計			
			分類1：情報収集・調査	分類2：学習・教育のサポート	分類3：コミュニケーション・コミュニティのサポート	分類4：ビジネス・仕事に関するサ
仕事では1000字を超える長文資料を要約させるためによく使っています。プライベートでは調べたいこと（例えばセルフメディケーション税制について、など）について質問しています	#回答内容の分類 アンケート回答結果を分類したい。 「分類リスト」を見た上で、以下の「回答内容」を「アウトプット例」のように分類して。 複数の分類に該当する場合は、複数の分類を教えて ##分類リストと定義 ・分類1：情報収集・調査 　－定義：あるテーマやトピックについて、情報を収集し調査することが目的となる分類。主に、検索や調べ物を行うことが含まれます。 ・分類2：学習・教育のサポート 　－定義：学習や教育に関する質問や調査、プログラムの作成、文法や翻訳などのサポートを目的とする分類。主に、知識・スキルの習得を支援することが含まれます。 ・分類：コミュニケーション・コミュニティの改善	分類1：情報の収集・調査,分類4：ビジネス・仕事に関するサポート	0		0	
会話がしたいとき、何か新しいこ	#回答内容の分類	<No OpenAI API ke	0	0	0	

　分類をするためには、まず前提として「どのような分類をするか」を決める必要があります。分類は自分で考えることもできますし、ChatGPTにアンケートデータをいくつか読み込ませたうえで「どのような分類ができるか考えて」と質問し、分類案を作ってもらう方法もあります。

　分類用プロンプトは、今回は次ページの画像のように作成しています。精度を上げるコツは「分類の定義をきちんとする」「アウトプット例を定義する」ことです。特に、アウトプット例を定めるのが重要です。定めないとさまざまな回答が返って来てしまうので、そのあとの集計が困難です。

#回答内容の分類
アンケート回答結果を分類したい。
「分類リスト」を見た上で、以下の「回答内容」を「アウトプット例」のように分類して。
複数の分類に該当する場合は、複数の分類を教えて

##分類リストと定義
・分類1：情報収集・調査
　ー定義：あるテーマやトピックについて、情報を収集し調査することが目的となる分類。主に、検索や調べ物を行うことが含まれます。

・分類2：学習・教育のサポート
　ー定義：学習や教育に関する質問や調査、プログラムの作成、文法や翻訳などのサポートを目的とする分類。主に、知識・スキルの習得を支援することが含まれます。

・分類3：コミュニケーション・コミュニティのサポート
　ー定義：コミュニケーションや人間関係のサポートを目的とする分類。主に、会話や相手の質問に答えることが含まれます。

・分類4：ビジネス・仕事に関するサポート

さて、この分類用プロンプト文章と、A列の自由回答を組み合わせたプロンプトをB列に作っています。

fx =LABS.GENERATIVEAI(B4)

B

プロンプト

#回答内容の分類
アンケート回答結果を分類したい。
「分類リスト」を見た上で、以下の「回答内容」を「アウトプット例」のように分類して。
複数の分類に該当する場合は、複数の分類を教えて

##分類リストと定義
・分類1：情報収集・調査
　ー定義：あるテーマやトピックについて、情報を収集し調査することが目的となる分類。主に、検索や調べ物を行うことが含まれます。

・分類2：学習・教育のサポート
　ー定義：学習や教育に関する質問や調査、プログラムの作成、文法や翻訳などのサポートを目的とする分類。主に、知識・スキルの習得を支援することが含まれます。

・分類3：コミュニケーション・コミュニティのサポート
　ー定義：コミュニケーションや人間関係のサポートを目的とする分類。主に、会話や

C 列で、B 列のプロンプトを LABS.GENELATIVEAI 関数で OpenAI に送り、分類結果を取得します。

これ以降は単純な Excel 作業です。分類結果は、プロンプトでアウトプット例を指定しているため、「分類 1：情報収集・調査」といった文言で固定されています。D 〜 J 列で COUNTIF 関数を使って、C 列の文章内に分類の文字列が含まれているかどうかを確認します。

C	D
結果	集計
	分類1：情報収集・調査
分類1：情報の収集・調査,分類4：ビジネス・仕事に関するサポート	
類し	=COUNTIF($C3,"*"&D$2&"*")

ChatGPT 機能と、Excel 関数を組み合わせることで、このような集計作業も非常に効率的に行なえます。さまざまなシーンで応用できる方法なので、ぜひお試しください。

OpenAI APIへの クレジットカード登録&上限設定

この章の冒頭でも述べましたが、OpenAI API は一定量までの無料クレジットがあります。しかし、それを超えると料金が発生するため、多用する場合はクレジットカード登録が必要です。

クレジットカード登録

　OpenAI の API 管理画面の左メニューの「Billing」を選択し、表示された画面の中央にある「Set up paid account」というボタンを選択します。

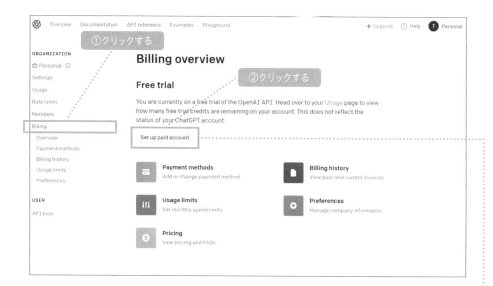

　支払いを行なううえで 2 つの選択肢が表示されます。個人利用の方は上の「I'm an individual」をクリックします。

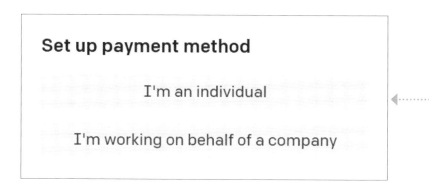

　クレジットカードの登録画面（次ページ）に切り替わるので、情報を入力し、「Set up payment method」をクリックします。

Set up payment method

Pay as you go

A temporary authorization hold will be placed on your card for $5. At the end of each calendar month, you'll be charged for all usage that happened during the month.

What is a temporary authorization hold?

Learn more about pricing ✍

Card information

💳 カード番号	月 / 年　セキュリティコード

Name on card

Acme

Billing address

Country ⌄

Address line 1

Address line 2

City	Postal code

State, county, province, or region

Cancel　　**Set up payment method**

①情報を
入力する

②クリックする

利用状況の確認

　左メニューの「Usage」をクリックすると、毎日の利用状況を確認できます。利用状況は5分程度で反映されます。

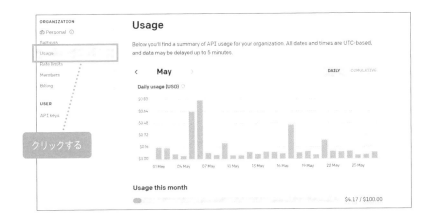

利用上限の設定

　OpenAI の API では、利用上限や通知を設定できます。左メニューの「Billing」→「Usage limits」をクリックすると、次の画面に切り替わります。

　「Hard limit」は、その金額に到達すると、API 利用停止する金額です。「Soft limit」は、その金額に到達するとアラートメールを送る金額です。利用状況に応じ、設定しましょう。

　また「Approved usage limit」では、毎月の最大利用金額が設定されています。この例では「120 ドル」が最大となります。これ以上利用したい場合には、「Request Increase」をクリック、上限引き上げをリクエストする必要があります。

外国語（英語）

多くの言語に対応しているChatGPT

　ChatGPTは、日本語だけでなく英語にも対応しています。もともと英語圏で生まれたので当然です。また、英語だけでなく、多数の言語をサポートしています。公式Webサイトに具体的な対応言語のリストは掲載されていませんが、中国語、スペイン語、ドイツ語、フランス語、アラビア語、韓国語などに対応しています。

　ChatGPTは高い翻訳能力を持っています。英語のネイティブスピーカーの知人に確認したところ、ChatGPTが翻訳した英文は、ほかの翻訳ツールと比較しても、圧倒的に自然な英語に近いとのことです。

　この章では、英語やほかの外国語でビジネスを行なう方向けのChatGPTの活用方法をいくつか紹介します。

活用例1　自分で作った外国語文章の添削

　第1の活用法は、自分で作成した外国語文章の添削です。

　これまでもGoogle翻訳やDeepLといったツールで翻訳ができましたが、自分で作成した文章の誤りや改善点、ニュアンスをチェックするのはなかなか難しかったです（最近ではDeepL WritingやGrammarlyのように、文法やニュアンスのチェックに対応したサービスも登場しています）。

　それに対してChatGPTは、自分が入力した文章に対して「文法の誤り」「改善の余地」「ニュアンスの変更」などを提案してくれます。まるで英語の先生が指導してくれているかのような感覚です。AIなので、ほぼリアルタイムで返信してくれます。さらに、気になる点や不明点を追加で質問することも可能です。

ある英語学習サービスでは、これまで人間の教師が行なっていた英語文法サポートサービスを ChatGPT を用いた AI に置き換えたところ、これまでのサービスと遜色ないレベルで対応でき、大きく工数を削減できたとのことです。ChatGPT は人間に劣らないレベルの添削能力を持っています。

　私も、英語で文章を作る際に、まずは自分で作ったあとに、文法のミスチェックやより良い文章にするための確認に ChatGPT を活用しています。指摘点についての解説を読み、コピー＆ペーストではなく自分の手で文章を修正することで、仕事を通じて英語学習にもつながっています。

プロンプト例

 User 以下の英文で改善点・間違いはある？

Could you speak about "Marketing Trend / Topic" at Big Virtual Event in Japan(Thousands of participants)? I organize various online events with Japanese companies. I looked at your great background of Marketing. Would you be interested?

 Chat GPT Here's a suggested improvement to the text:

Dear [Name],

I hope this message finds you well. I am writing to inquire if you would be interested in speaking about "Marketing Trends/ Topics" at our upcoming Big Virtual Event in Japan, which will have thousands of participants.

【以下省略】

User

どこを直したか具体的に教えて。

 Chat GPT

以下に、改善点を具体的に説明します。

1. タイトルの追加：元の文書にはイベントのタイトルがなかったため、それを追加しました。

2 敬称の追加：ビジネスメールでは、相手に対して丁寧な敬称を用いることが一般的です。

3. 丁寧な挨拶：ビジネスメールでは、相手に対して丁寧な挨拶をすることが重要です。

【以下省略】

 User

以下の英文をもっとフォーマルにして。

Could you speak about "Marketing Trend / Topic" at Big Virtual Event in Japan(Thousands of participants)? I organize various online events with Japanese companies. I looked at your great background of Marketing. Would you be interested?

 Chat GPT

Would you be willing to deliver a presentation on the subject of "Marketing Trends and Topics" at a large-scale virtual event in Japan, which is anticipated to attract thousands of attendees? As an organizer of numerous online events in partnership with Japanese corporations, I have reviewed your impressive credentials in the field of marketing and believe you would be an excellent candidate for this opportunity. I humbly inquire as to whether you would consider accepting our invitation.

第2の活用法は、日本語から外国語への翻訳です。

ChatGPT には、Google 翻訳や DeepL などに対して次のような優位点があります。

まず翻訳精度が非常に高いことです。ネイティブスピーカーが見ても自然なレベルというのは先にお伝えした通りです。

次に、翻訳時のニュアンスを指定できることです。たとえば、フォーマルな文体やカジュアルな文体など、翻訳シーンに合わせた言葉づかいを選べます。さらに、翻訳結果に対して「もっと短く」「○○を足して」などと追加で要望することもでき、より細かい調整ができます。

その一方で、デメリットもあります。

1つは、翻訳できる文章量に制限があることです。現時点では日本語で2500 〜 3000 文字程度が上限となっています。また、時間がかかるというデメリットもあります。有料版の GPT3.5 では比較的高速ですが、無料版や GPT-4 では処理に時間がかかる場合があります。

それらの特性を踏まえ、既存の翻訳ツールとうまく併用するといいでしょう。具体的には、長い文章や最初の翻訳には既存の翻訳ツールを使用し、その結果に対するチェックや校正、ニュアンス調整には ChatGPT を利用するという方法が効率的です。

User # 日本語を英文に翻訳
「要望」を踏まえた上で、「日本語文章」を英文にして。

要望
・状況：ビジネスパートナーとの初めてのオンライン会議
・口語にする
・発話しやすいように、なるべく文章を短く区切る
・カジュアルにする

日本語文章
こんにちは！トップランナーマーケティングの池田です。
本日はお時間を頂戴し、ありがとうございます。

トップランナーマーケティングは、2020年に設立した会社です。
世界の各業界のトップランナーと、当社のクライアントである日本企業のコラボレーションを促進することを通じて、クライアントの事業成長を支援しています。
具体的なサービスは、クライアントのオンラインイベントの企画や登壇者探し、翻訳を行っています。

 Hello there! This is Ikeda from Top Runner Marketing.

Thank you for taking the time to join our first online meeting with our business partner.

Top Runner Marketing was founded in 2020 with the goal of promoting collaborations between top runners in various industries around the world and our clients, Japanese companies, to support their business growth.

We provide services such as planning and finding speakers for our clients' online events, as well as translation.

　第3の活用法は、外国語での情報収集の効率化です。業界によっては、日本語以外の情報のほうが充実していることがありますよね。たとえば、IT業界などはそうですし、ChatGPTを中心とした生成AIの話題も英語圏のほうが豊富です。しかし、母国語以外で情報収集しようと思うと、どうしても時間がかかったり、おっくうです。

　このような状況で、ChatGPTの「要約」機能が力を発揮します。外国語の長い文章や難解な専門情報を、自分が理解しやすい形の日本語にしてくれるため、効率的な情報収集が可能になります。
　要約の方法を指定することで、自分が求めている情報をより手軽に得られます。たとえば、「重要なポイントだけを簡潔にまとめて」といった要望に対して、ChatGPTは適切に反応してくれます。

　また、英語の情報をもとに、自分で何かを発信したい場合にも役に立ちます。たとえば「以下の英語文章をTwitter用の投稿にまとめて」と依頼することで、外国語ニュースから日本語の投稿文の下書きを作ることもできてしまいます。

プロンプト例

 User　以下を要約して。

Our mission is to ensure that artificial general intelligence—AI systems that are generally smarter than humans—benefits all of humanity.

If AGI is successfully created, this technology could help us elevate humanity by increasing abundance, turbocharging the global economy, and aiding in the discovery of new scientific knowledge that changes the limits of possibility.

【以下省略】

The mission is to ensure that the creation of artificial general intelligence benefits all of humanity. If developed successfully, AGI has the potential to increase abundance, turbocharge the economy, aid in scientific discoveries, and provide new capabilities to everyone.

【以下省略】

要約を日本語にして。

私たちの使命は、人間よりも一般的に賢い人工知能（AGI）が全人類の利益になるようにすることです。AGI が成功裏に作成されれば、豊かさを増し、グローバル経済を急激に促進し、可能性の限界を変える新しい科学的知識の発見に役立つことができます。

【以下省略】

以下から定量的データのみを抽出し、箇条書きで教えて。

Recent work has demonstrated substantial gains on many NLP tasks and benchmarks by pre-training on a large corpus of text followed by fine-tuning on a specific task. While typically task-agnostic in architecture, this method still requires task-specific fine-tuning datasets of thousands or tens of thousands of examples. By contrast, humans can generally perform a new language task from only a few examples or from simple instructions - something which current NLP systems still largely struggle to do.

【以下省略】

GPT-3 は 1750 億のパラメータを持つ
GPT-3 は従来の非スパース言語モデルよりも 10 倍多いパラメータ
を持つ

活用例4 **チャットでの外国語練習**

　第4の活用法として、チャットでの外国語練習があります。異なる言語で
ビジネスを行なう際には、その言語でのコミュニケーションに慣れているこ
とが重要となります。その際、気軽に外国語のコミュニケーションを行なう
練習相手として、ChatGPT は最適です。

　ChatGPT は、あらゆる状況やレベルに対応してくれます。「日常的な会話」
から「ビジネスでのフォーマルな会話」まで、要望次第でさまざまな会話相
手になってくれます。

　また、チャットを終えたあと、間違いや改善点を ChatGPT に指摘しても
らうこともできます。単にチャットで練習するだけでなく、振り返りや学び
に役立てることができるわけです。

　そして何より欠かせないのは、ChatGPT は AI（機械）なので、いつでも、
何度でも、嫌がらず対応してくれます。人間相手だと、どうしても相手の都
合があり、何を頼むにも配慮が必要ですが、AI には無用です。早朝でも深
夜でも、1 時間でも 10 時間でも、好きなだけ練習できるのです。

プロンプト例

英語でチャットしたい。

Of course! I'm ready to chat in English. What would you like to
talk about?

User　I want to talk about ai

 Chat GPT　Sure, I'd be happy to talk about AI! What specifically would you like to know or discuss about AI?

 User　以下のような「状況」、英語でチャット会話の練習がしたい。わかったら「Yes」と答え、英語で、1つ質問をして。

\# 状況
・あなた：有名なマーケター
・私：あなたにオンラインイベントで登壇してもらいたい
・ビジネスの最初の会話
・LinkedIn でメッセージを送り、反応してもらった

 Chat GPT　Yes. What kind of event are you planning and what would you like me to speak about specifically?

 活用例 5　**音声での外国語練習**

　第5の活用法は、音声による外国語の練習です。Chrome ブラウザの拡張機能を利用することで、音声入力・音声読み上げができます。この機能を活用すると、文章だけでなく、実際の会話練習も行なえてしまいます。

　現時点で最もおすすめの Chrome 拡張機能は「Voice Control for ChatGPT」というもので、Google Chrome の Web ストアからダウンロードできます。

　この拡張機能をインストールして ChatGPT の画面を出すと、音声コントロールのボタンが追加されます。

音声読み上げを ON にするには、右下にあるスピーカーアイコンを押します。斜線がなくなっていれば ON になっています。

　続いて、言語を選びます。「English」に変えましょう。「日本語」にすることで、日本語で使うことも可能です。

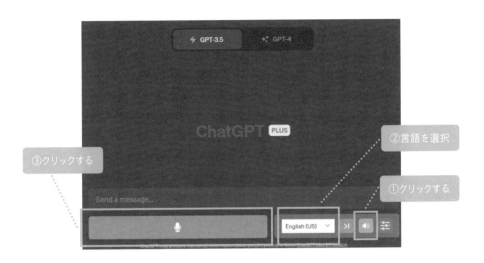

　マイクアイコンをクリックすると、音声入力が始まります。もう一度同じアイコンを押すと、音声入力された文章を ChatGPT に送信できます。

スピーカーアイコンの左にあるスキップアイコンをクリックすると、音声を途中で止めることもできます。

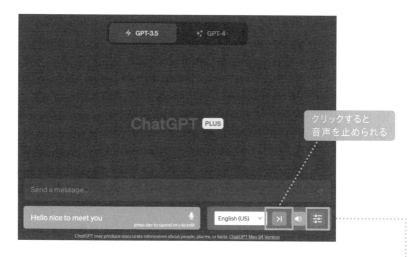

また、右下にあるアイコンをクリックすると設定メニューが表示されます。ここで音声の種類やスピードを調整できます。

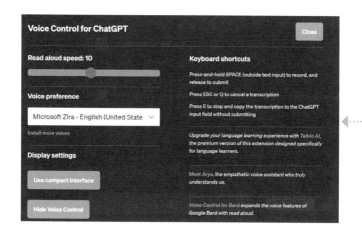

この機能を用いることで、まるで実際に人間と会話しているかのように外国語の練習を行なえます。

おわりに

　ご多忙な中、本書をお読みいただき、ありがとうございました。ビジネスの基本業務において、ChatGPT（生成 AI）をどのようなシーンで活用できるのか、また将来的にはどのような可能性があり得るのかについて、皆さんの理解促進の一助になれば幸いです。

　本書の企画がスタートしたのは 2023 年 3 月でしたが、このわずか数カ月の間でも、次のようなさまざまな動きがありました。

- OpenAI が ChatGPT で外部サービスを使える「ChatGPT Plugins」をリリース
- マイクロソフトが Windows や Office への生成 AI（Copilot）導入を発表
- マイクロソフトが他社にも生成 AI を展開しプラットフォーム化する構想（Copilot stack）を発表
- Google が ChatGPT と同様のチャット型 AI サービス「Bard」を一般公開
- Amazon がさまざまな AI ベンダと組み、AI プラットフォーム「Amazon Bedrock」を発表
- イーロンマスクが新たな生成 AI 企業「Truth GPT」の開発を発表
- 日本の大手企業（SMBC、パナソニック、ベネッセ、電通など）が社内用の ChatGPT 導入を発表

　このような動きに加えて、ChatGPT や生成 AI の新たな活用方法やノウハウも日進月歩で動きがありました。書籍という形式上、これらの最新ニュースについては触れられなかったものもあります。

　私の YouTube チャンネル「リモートワーク研究所」では、ビジネスにとって有益と思われる最新情報を発信していますので、ぜひご覧いただければ幸いです。

また本書をきっかけに「事業での ChatGPT 活用を考えたい」「業務プロセスの中で生成 AI を組み込んでいきたい」と考えられた方もいらっしゃると思います。私個人としても、次のようなさまざまな支援を行なっておりますので、お気軽にお声がけください。

　本書が皆さんのビジネスの発展、新たな働き方を創造するための一助になれば望外の喜びです。

2023 年 6 月　池田朋弘

 ➤ 著者・池田氏へのお問い合わせはこちら！

▶ 池田朋弘 いけだ ともひろ

株式会社メンバーズ 顧問
株式会社トップランナーマーケティング COO
1984年生まれ。早稲田大学卒業。
UXコンサルティングの株式会社ビービットに5年間勤めたのち、2013年に独立。その後、連続起業家として、計8社を創業、4回のM&A（Exit）を経験。2023年7月現在は、東証プライム上場の株式会社メンバーズ 顧問、株式会社トップランナーマーケティング COO、株式会社トナリスク CPRO、グロース・キャピタル株式会社 マネージング・ディレクターなどを務める。
YouTubeチャンネル「リモートワーク研究所」を企画・運営。ChatGPTや最新ITツールの活用法を独自のビジネス視点から解説し、人気を博している。チャンネル登録数は5.6万人超（2023年6月時点）。
このほか、起業経験と最新の生成AIに関する知識を強みに、ChatGPTなどのビジネス業務への導入支援、プロダクト開発、研修・ワークショップなどを多数実施している。
著書に『テレワーク環境でも成果を出す チームコミュニケーションの教科書』（マイナビ出版、2020年）がある。

Twitter @pop_ikeda
リモートワーク研究所 https://www.youtube.com/@remote-work

ChatGPT最強の仕事術

2023年8月20日　初版発行
2024年9月12日　5刷発行

著　者　池田朋弘

発行者　太田 宏

発行所　**フォレスト出版株式会社**
　　　　〒162-0824　東京都新宿区揚場町2-18　白宝ビル7F
　　　　電話　03-5229-5750（営業）
　　　　　　　03-5229-5757（編集）
　　　　URL　http://www.forestpub.co.jp

印刷・製本　**中央精版印刷株式会社**

『ChatGPT 最強の仕事術』購入者特典

仕事にそのまま使えるプロンプト集

著者・池田朋弘さんより

購入者特典として、本書の第1章から第8章で紹介したプロンプト（質問＆依頼文）をまとめた「仕事にそのまま使えるプロンプト集」をご用意しました（Word形式ファイル）。ご自身のお仕事に合わせて、自由にカスタマイズしてお使いいただけます。作業のスピードと効率が大幅に向上します。ぜひご活用ください。

特別プレゼントはこちらから無料ダウンロードできます ⬇

https://frstp.jp/cgpt

※特別プレゼントは Web 上で公開するものであり、小冊子・DVD などをお送りするものではありません。

※上記無料プレゼントのご提供は予告なく終了となる場合がございます。あらかじめご了承ください。